# AMICI, BUONA SERA!
## STARTING ITALIAN

# *Amici, buona sera!*

A BBC Radio course of thirty lessons
in Italian for beginners

Written by
Hugh Shankland and Ernesto Mussi
of the University of Durham

Produced by Ann Caldwell

BRITISH BROADCASTING CORPORATION

**The Programmes**

First broadcast on Radio 3 (Study)
Starting 6 October 1969 at 6.30 p.m.

© The Authors 1969
First published 1969
Published by the British Broadcasting Corporation
35 Marylebone High Street, London W1M 4AA
Printed in England by Billing and Sons Limited, Guildford
SBN: 563 08559 2

# List of Contents

*Acknowledgement is due to the following for permission to reproduce illustrations:*
CAMERA PRESS LTD. (B. G. Silberstein) Taormina, page 137;
J. ALLAN CASH ferries, page 99, cathedral, page 118, Assisi, pages 147 and 153, Rome, page 156, village square, page 161, Settebello, page 167;
ITALIAN STATE TOURIST OFFICE Assisi, page 10;
PICTUREPOINT LTD. Venice, page 127, Naples market (Jack Scheerboom), page 142;
RADIO TIMES HULTON PICTURE LIBRARY Assisi, page 14;
STANDA goods in shop, page 165;
MARIO TOGNOLI EDITORE, LIVORNO Quattro Mori statue, page 93;
Special photography gettone and coffee machines by Photo Studios Ltd.

## How to use the course

In order to get the most out of the course, try to prepare each lesson before the broadcast and revise the previous one as well. If you find that you can then follow the broadcast without referring to the text, so much the better. That way, you will be able to concentrate more on the sound of the language. Two long play mono records which include all the dialogues and some of the most essential exercises are available and will be very useful for both revision and preparation (see back cover for ordering). You will find a key to most of the exercises at the back of the book. We may not do all the sentences in each exercise during the broadcasts but you should find it helpful to go over all of them afterwards. When we leave pauses for you either to give your answer or to repeat what has been said, do it *aloud*. If you find that you cannot answer correctly in the first pause, don't worry. We will always give the correct answer and then another pause for you to repeat it. Finally here are some phrases we will be using in the first programmes which are not in the texts of the lessons:

| | |
|---|---|
| *Ripetiamo* | Let's repeat |
| *Ascoltiamo* | Let's listen |
| *E ora a voi* | And now it's your turn |
| *Ecco un esempio* | Here is an example |
| *Alla prossima settimana* | Until next week |

## Pronunciation Notes

On the whole Italian is pronounced as it is written.

VOWELS
Each vowel has an unvarying pure quality, and should be said clearly whatever its position in the word. Nearly all Italian words end in a vowel. In groups of vowels each vowel is clearly heard:
> *mi-o   pa-u-ra   a-e-re-o*

But the *i* is not pronounced in *ci, gi, sci*:
> *cielo   già   giallo   scienza*

CONSONANTS
'*c*' has two sounds:
It is soft, as 'ch' in 'child' or 'church' before *e* and *i*:
> *cena   cinema   bacio   pace*

In all other cases it is hard as in 'cap' or 'cuckoo':
> *casa   cosa   curva   amica   credo   chiesa*

Notice that before *h*, *c* is always hard as in 'chaos' or 'psychology':
> *che   chitarra   chilometro*

'*g*' also has two sounds:
Like *c* it is soft, as in 'ginger' or 'gentle', before *e* and *i*:
>  *gente   gelato   giro   giorno   regina*

It is hard, as 'gum' or 'gamble', in all other cases, including before *h*:
>  *gatto   grande   gusto   ghiaia   Inghilterra*

'*h*' is not pronounced since it is only used

(a) to distinguish in writing words with similar pronunciations but quite different meanings:

| | | | |
|---|---|---|---|
| *o:* or | | *ho:* | I have |
| *ai:* to the | | *hai:* | you have |
| | | *ahi!:* | ouch! |

(b) to make *c* and *g* hard sounds before *e* and *i*:
>  *chilo   Inghilterra*

'*r*' is rolled:
>  *rosa   sera   sereno   reverendo*

Double consonants are always pronounced:
>  *bello   brutto   pacco   pazzo*

STRESS AND ACCENTS

The stress usually falls on the penultimate syllable:
>  *dire   venire   donna   ragazza   ristorante*

Less often it falls on the third syllable from the end:
>  *credere   mangiano   capiscono   Veneto*

Very rarely it falls on the fourth syllable from the end:
>  *abitano   dimenticano*

Several words have the final syllable stressed, in which case the stress is always indicated by an accent:
>  *città   perchè   casinò   già   può   più*

Certain monosyllabic words take an accent to distinguish them from other words which have identical spelling:

| | | | |
|---|---|---|---|
| *è:* is | | *e:* | and |
| *là:* there | | *la:* | the |
| *sì:* yes | | *si:* | himself |
| *dà:* gives | | *da:* | from |

But pronunciation cannot really be taught by a book. Listen very carefully to what you hear during the broadcasts and then try to imitate it as closely as you can. And remember that speaking well is not only a question of pronouncing individual words correctly. You must also try to get the rhythm of the language; so listen to how our speakers' voices rise and fall, their intonation, and try to imitate that too.

# 1ª lezione   *Come sta?*

### Come sta, Carla?

*Carla* Buona sera, Ernesto.
*Ernesto* Buona sera, Carla. Come sta?
*Carla* Sto bene, grazie.
*Ernesto* Sono contento.

### Come sta, Ernesto?

*Ernesto* Buona sera, Carla.
*Carla* Buona sera, Ernesto. Come sta?
*Ernesto* Sto bene, grazie.
*Carla* Sono contenta.

### Il dottore e la signora

*La Signora* Buongiorno, dottore.
*Il Dottore* Buongiorno, signora. Come sta?
*La Signora* Io sto male dottore, sto male.
*Il Dottore* Sta male? Mi dispiace.

### La signora, la signorina e il bambino

*La Signora* Buona sera, signorina.
*La Signorina* Buona sera, signora. Come sta il bambino?
*La Signora* Sta bene, grazie. È ancora piccolo.
*La Signorina* È bello! Ma è sempre buono?
*La Signora* Sì, è sempre buono.
*La Signorina* Bene. Sono contenta.

I Come sta Carla?                     Sta bene

1 Come sta Ernesto? ............................................
2 Come sta il bambino? ............................................
3 Come sta la signora? ............................................

II Ernesto è contento?              Sì, è contento

1 Carla è contenta? ............................................
2 Il bambino è piccolo? ............................................
3 Il bambino è buono? ............................................
4 La signorina è contenta? ............................................

### La passeggiata

|         |                                                        |
|--------:|--------------------------------------------------------|
| *Carla* | Ernesto, ecco il reverendo . . . Buona sera, Don Luigi. |
| *Don Luigi* | Buona sera, Carla. Come sta? |
| *Carla* | Sto bene, grazie. Don Luigi, ecco Ernesto. |
| *Don Luigi* | Piacere, Ernesto. |
| *Ernesto* | Piacere, reverendo. |
| *Don Luigi* | Lei è romano? |
| *Ernesto* | No, sono toscano. |
| *Don Luigi* | Ah, io sono fiorentino. |
| *Ernesto* | Bene! Viva la Toscana! |
| *Don Luigi* | Viva la Toscana! Buona passeggiata! Arrivederci. |
| *Ernesto* | Arrivederci, reverendo. |
| *Carla* | Arrivederci, Don Luigi. |

*Buona passeggiata, reverendo!*

III il reverendo                    Ecco il reverendo

1 il dottore                        ...........................................
2 la signora                        ...........................................
3 il bambino                        ...........................................
4 la signorina                      ...........................................
5 la Toscana                        ...........................................
6 la lezione                        ...........................................
7 Carla                             ...........................................

IV Il reverendo è toscano?          Sì, è toscano

1 Il dottore è romano?              ...........................................
2 Carla è romana?                   ...........................................
3 Ernesto è toscano?                ...........................................
4 La signorina è contenta?          ...........................................
5 Il bambino è bello?               ...........................................
6 La Toscana è bella?               ...........................................
7 Ernesto è contento?               ...........................................
8 La signora è fiorentina?          ...........................................
9 Il reverendo è fiorentino?        ...........................................
10 Il bambino è buono?              ...........................................

V Il reverendo è contento
   Carla . . .                      Carla è contenta

1 La Toscana è bella
   Il bambino . . .                 ...........................................
2 Il dottore è romano
   La signorina . . .               ...........................................
3 La signora è toscana
   Il reverendo . . .               ...........................................
4 Il bambino è buono
   Don Luigi . . .                  ...........................................

## Notes

buongiorno          hullo; good morning, good afternoon
buona sera          hullo; good afternoon, good evening. (Italians
                    say *buongiorno* in the morning and in the early
                    hours of the afternoon, and then *buona sera*.
                    *Buongiorno* and *buona sera* are also used as
                    greetings when we would say 'hullo' or 'good-
                    bye'. There is no formal way of saying 'hullo'
                    except *buongiorno* or *buona sera*.)

| come? | how? |
|---|---|
| bene | well; good! (exclamation) |
| grazie | thank you |

Titles like *signora, signorina, signore, dottore, reverendo,* are used very frequently when addressing people in Italy:

> Buongiorno, signora
> Buona sera, dottore

*Dottore* is used to refer to all University graduates, not only medical graduates.

| mi dispiace | I'm sorry (lit: it displeases me) |
|---|---|
| ecco . . . | here is . . . |
| piacere | pleased to meet you |
| Don Luigi | (priests in Italy have the familiar title "*Don*") |
| toscano | Tuscan |
| la Toscana | Tuscany (the region which includes Florence (*Firenze*), Siena, Pisa, Livorno, Lucca and Arezzo) |
| viva | long live . . . |
| buona passeggiata! | have a nice walk! |

| (io) sono | I am |
|---|---|
| (Lei) è | you are |
| (lui) è | he is |
| (lei) è | she is |

When you are speaking of health you must use: *sto, sta*

| (io) sto bene | I'm well |
|---|---|
| (Lei) sta bene | you're well |
| (lui) sta bene | he's well |
| (lei) sta bene | she's well |

| *Sta bene?* | Are you, is he, she well? |
|---|---|
| *Sto male* | I'm not feeling well |

The pronouns (*io*, *Lei*, *lui*, *lei*) are not necessary unless you want to emphasize them, or unless the meaning would not be clear without them:

Clarity:   *Sta bene*        Are you, is he, she well?
           *Lui sta bene?*   Is he well?

Emphasis: *Io sono fiorentino* **I** am Florentine

Note that *Lei* (you) is written with a capital letter to distinguish it from *lei* (she).

**All nouns in Italian are either masculine or feminine.**

Most words ending in *o* and in *ore* are masculine. With most masculine words 'the' is *il*:

il bambino
il reverendo
il giorno
il dottore

Most words ending in *a* and all of those ending in *zione* are feminine. With most feminine words 'the' is *la*:

la signora
la signorina
la passeggiata
la Toscana
la lezione

The adjectives used in this lesson are:

| (masc.)   | (fem.)    |
|-----------|-----------|
| contento  | contenta  |
| piccolo   | piccola   |
| bello     | bella     |
| buono     | buona     |
| romano    | romana    |
| toscano   | toscana   |
| fiorentino| fiorentina|

Adjectives always agree with the noun or person they refer to.

Il bambino è bell**o**        La Toscana è bell**a**
Ernesto è content**o**        Carla è content**a**

Carla says: *Sono content**a***
Ernesto says: *Sono content**o***

Come sta?
Sto bene, grazie

# 2ᵃ lezione *Piazza Garibaldi*

### Il tempo è bello

Il tempo è bello
  Il tempo è così bello
Il sole è caldo
  Il sole è così caldo
Il cielo è azzurro
  Il cielo è così azzurro
La piazza è bella
  La piazza è così bella
Il bambino è contento
  Il bambino è così contento
La madre è contenta
  La madre è così contenta

### Piazza Garibaldi

Ecco Piazza Garibaldi. La piazza è bella. In mezzo c'è la fontana. L'acqua è fresca. A sinistra c'è l'albergo 'Rossini'. L'albergo è piccolo, ma simpatico. Vicino c'è il bar 'Italia'. A destra c'è la chiesa di Santa Maria. È antica. La chiesa è di Don Luigi. C'è Don Luigi. Parla con la signora Martini.

| C'è |
| --- |

I C'è la fontana?  Sì, c'è

1 C'è l'albergo 'Rossini'? ............................................
2 C'è il bar 'Italia'? ............................................
3 C'è la chiesa di Santa Maria? ............................................
4 C'è Don Luigi? ............................................
5 C'è la signora Martini? ............................................

II La fontana è in mezzo?  Sì, è in mezzo

1 L'albergo 'Rossini' è a sinistra? ............................................
2 Il bar 'Italia' è vicino? ............................................
3 La chiesa è a destra? ............................................

III La piazza è bella?  Sì, è così bella

1 L'acqua è fresca? ............................................
2 L'albergo è simpatico? ............................................
3 Il bar è piccolo? ............................................
4 La chiesa è antica? ............................................
5 Il cielo è azzurro? ............................................
6 Il tempo è bello? ............................................

### Don Luigi e la signora Martini

*Don Luigi*  Buongiorno, signora Martini.
*La Signora*  Buongiorno, Don Luigi. Come sta?
*Don Luigi*  Sto molto bene, signora. Il cielo è così azzurro. Sono molto contento. Come sta il signor Martini?
*La Signora*  Così e così, reverendo.
*Don Luigi*  Pazienza, signora Martini, pazienza! Arrivederci.
*La Signora*  Arrivederci, Don Luigi.

IV Come sta Don Luigi? ............................................

Come sta il signor Martini? ............................................

V La piazza è piccola
   L'albergo . . .                 L'albergo è piccolo

1 Don Luigi è simpatico
  La signora Martini . . .      ............................................
2 Il dottore è romano
  Carla . . .                ............................................
3 Il sole è caldo
  L'acqua . . .             ............................................
4 Il tempo è bello
  La fontana . . .         ............................................
5 L'acqua è azzurra
  Il cielo . . .            ............................................
6 Il bambino è contento
  La madre . . .        ............................................

### Scusi, parla inglese?

Ecco l'albergo 'Rossini'. L'ingresso è a destra. C'è molta gente oggi. C'è molta confusione.

        Scusi.
            Prego, signora.
        Parla inglese?
            No, parlo solo italiano. Mi dispiace.
                *    *    *
        Scusi, Lei è il padrone?
            Sì, sono il padrone.
        Allora, Lei parla inglese?
            Beh! così e così.

VI La fontana è a destra?      No, è in mezzo

1 La chiesa di Santa Maria è in
   mezzo?                ............................................
2 L'albergo 'Rossini' è a destra?  ............................................
3 L'ingresso è a sinistra?      ............................................

VII Il dottore è inglese?     No, è italiano

1 La signora è inglese?       ............................................
2 Il padrone è inglese?       ............................................
3 L'albergo è inglese?        ............................................
4 La signorina è inglese?     ............................................
5 La chiesa è inglese?        ............................................

# Notes

| | |
|---|---|
| in mezzo | in the middle |
| a sinistra | on the left |
| simpatico | nice, likeable, pleasant (It can be used for people, things or places: *l'albergo è simpatico, Carla è simpatica*) |
| a destra | on the right |
| la chiesa è di Don Luigi | the church is Don Luigi's (lit.: of Don Luigi) |
| con | with (for use of *con*+*parlare* see note at the end of the lesson) |
| (1) molto (invariable) | very (*Carla è molto contenta*) |
| (2) molto, molta | many, a lot of (*C'è molto sole, c'è molta gente*) |
| così e così | so so |
| pazienza! | (lit.: patience!) that's life! |
| scusi | excuse me |
| prego | (the answer to *scusi* and to *grazie*. It should always be used) |
| il signore | Sir, Mr...... |
| il signor Martini | Mr. Martini. (When the name is used, *signore* loses its final -*e*: *il signor Mussi*: Mr. Mussi) |
| beh! | well! |

With all singular nouns beginning with a vowel, 'the' is *l'*:

> l'acqua (f.)
> l'albergo (m.)
> l'ingresso (m.)
> l'italiano (m.) (the Italian, the Italian language)
> l'italiana (f.) (the Italian woman)

Although most nouns end in *o* or *a*, there are also many which end in *e*. We have already had *il dottore*, *la lezione*. Those which end in *ore* are masculine and in *zione* are feminine, but for the others there is no rule. They may be either masculine or feminine:

> il sole
> la madre
> la gente
> la confusione
> il padrone

It is best to learn them together with their article right from the beginning.

Note that *la gente* (people) is singular.

Adjectives ending in *e* do not change in the feminine:

      Il dottore è inglese

      La signora è inglese

*C'è:* there is, is there

    *In mezzo c'è la fontana*   In the middle there is the fountain

    *C'è Don Luigi*          Don Luigi is there

| | | |
|---|---|---|
| (io) | parlo | I speak |
| (Lei) | parla | you speak |
| (lui) | parla | he speaks |
| (lei) | parla | she speaks |

   Parla italiano?              Sì, parlo italiano

   Parla inglese?               No, parlo solo italiano

Note how *con* is used with *parlo, parla,* to mean 'talk to':

   *Don Luigi parla con la signora Martini*

   Don Luigi is talking to Mrs. Martini

> Lei parla italiano?
> Beh! Così e così.

# 3ª lezione   *In un bar*

**Che bel tempo!**

Che bel tempo!

  Il tempo è bello!

Che sole!

  Che caldo!

Mamma mia, che caldo!

  Che cielo!

Che cielo azzurro!

**Che brutto tempo!**
Che brutto tempo!
   Il tempo è brutto!
Che pioggia!
   Che freddo!
Mamma mia, che freddo!
   Che cielo!
Che cielo grigio!

I Il tempo è bello           Che bel tempo!

1 Il sole è bello ...............................................
2 Il cielo è bello ...............................................
3 La piazza è bella ...............................................
4 Il bambino è bello ...............................................
5 La fontana è bella ...............................................

II Il tempo è brutto      Che brutto tempo!

1 Il cielo è brutto ...............................................
2 La pioggia è brutta ...............................................
3 Il freddo è brutto ...............................................
4 La fontana è brutta ...............................................

III Il cielo è azzurro     Che cielo azzurro!

1 Il cielo è grigio ...............................................
2 Il sole è caldo ...............................................
3 La pioggia è fredda ...............................................
4 L'acqua è fresca ...............................................

**In un bar italiano**
Buona sera. Come sta?
   Sto bene, grazie. E Lei?
Sto molto bene. S'accomodi.
   Grazie.
Vuole un gelato?
   No, grazie.
Prego. Vuole una birra?
   No, grazie.
Prego. Vuole una limonata?
   No, grazie. Vorrei un'aranciata.
Finalmente...Cameriere! Per favore, un'aranciata.

IV Vuole un gelato?         Sì, grazie, vorrei un gelato

1 Vuole una birra?         .................................................
2 Vuole una limonata?         .................................................
3 Vuole un'aranciata?         .................................................

V Vorrei un gelato         Un gelato, per favore

1 Vorrei una birra         .................................................
2 Vorrei una limonata         .................................................
3 Vorrei un'aranciata         .................................................

## Il cameriere

*La Signorina* Cameriere, per favore!
*Il Cameriere* Prego, signorina.
*La Signorina* Vorrei un tè, per favore.
*Il Cameriere* Prego, signorina.

*Il Dottore* Cameriere, per piacere!
*Il Cameriere* Prego, dottore.
*Il Dottore* Vorrei un caffè espresso.
*Il Cameriere* Prego, dottore.

*La Signora* Cameriere, scusi!
*Il Cameriere* Prego, signora.
*La Signora* Vorrei un cappuccino.
*Il Cameriere* Prego, signora.

VI Vorrei un cappuccino         Cameriere, un cappuccino, per piacere

1 Vorrei un tè         .................................................
2 Vorrei un caffè espresso         .................................................
3 Vorrei un gelato         .................................................
4 Vorrei una birra         .................................................
5 Vorrei una limonata         .................................................
6 Vorrei un'aranciata         .................................................

## Musica napoletana

*Ernesto* Buongiorno, Carla.
*Carla* Buongiorno, Ernesto.
*Ernesto* Che sole!
*Carla* Che caldo!
*Ernesto* Mamma mia, che bel tempo! Carla, che cosa vuole? Vuole un aperitivo?

*Carla* Sì. Grazie.

*Ernesto* Prego. Cameriere, per piacere! Vorrei un aperitivo e una birra.

*Carla* Che musica romantica! È musica napoletana?

*Ernesto* Sì, è musica napoletana.

*Carla* È molto romantica.

*Cameriere* Ecco l'aperitivo, signorina. Ecco la birra, signore.

*Ernesto* Grazie.

*Carla* Hmm. È un aperitivo buono. È amaro.

*Ernesto* Anche la birra è buona. È tedesca. Salute!

*Carla* Salute!

VII Una birra, per piacere      Ecco la birra, signora
    Un gelato, per piacere      Ecco il gelato, signore

1 Un cappuccino, per piacere    ................................................
2 Una limonata, per piacere    ................................................
3 Un caffè espresso, per piacere    ................................................
4 Un aperitivo, per piacere    ................................................
5 Un'aranciata, per piacere    ................................................

VIII La birra è tedesca      È una birra tedesca

1 Il gelato è napoletano    ................................................
2 La limonata è fredda    ................................................
3 L'aperitivo è amaro    ................................................
4 Il cappuccino è buono    ................................................
5 Il caffè è caldo    ................................................
6 L'aranciata è fresca    ................................................

## Notes

| | |
|---|---|
| che bel tempo! | what lovely weather! (note how *bello* contracts before masculine nouns). |
| che brutto tempo! | what bad weather! (*brutto* is used in the sense of 'bad, ugly, not nice'). |
| che caldo! | how warm it is! |
| che freddo! | how cold it is! |
| mamma mia! | my goodness! |
| s'accomodi | sit down; make yourself comfortable |
| prego | you're welcome. (It's very much used in Italy. Always reply *prego* when you hear *grazie, per favore, per piacere* or *scusi*.) |

| | |
|---|---|
| per piacere }<br>per favore } | please |
| un caffè espresso | a small black coffee |
| un cappuccino | white coffee (half coffee, half milk) |
| salute! | cheers! |

> Il bar, il caffè

| | |
|---|---|
| vuole...? | do you want...?, would you like...? (does he, she want...?) |
| che cosa vuole? | what do you want? What will you have? (what does he, she want?) |
| vorrei... | I'd like... |

Che cosa vuole? Vorrei un caffè
Il bambino, che cosa vuole? Vuole un gelato

> un,  una

'A', 'an' is *un* before most masculine nouns:

| | |
|---|---|
| il gelato | un gelato |
| il bambino | un bambino |
| l'albergo | un albergo |
| il dottore | un dottore |

'A', 'an' is *una* before all feminine nouns beginning with a consonant:

| | |
|---|---|
| la piazza | una piazza |
| la birra | una birra |
| la madre | una madre |

But before a vowel *una* becomes *un'*:

| | |
|---|---|
| l'aranciata | un'aranciata |

## Adjectives

Most adjectives go after the noun:

un cielo grigio
una birra tedesca
Che cielo azzurro!
Che acqua fredda!

*But:*

Che bel bambino!
Che brutto tempo!

**Pronunciation:**

The letter *c* is always a soft sound (as in 'church') if *e* and *i* follow it:

        c'è  cielo   vicino

Otherwise it is always hard (as in cuckoo):

        Che caldo!

Practice:

| | |
|---|---|
| Michelangelo | Certaldo |
| Botticelli | Civitavecchia |
| Boccaccio | Cecina |
| Puccini | Siracusa |
| Cellini | Catania |
| Leonardo da Vinci | Chianti |
| San Francesco | Chiusi |
| Santa Cecilia | Lucca |
| | Cattolica |

# 4ª lezione   *In un negozio*

### Una cartolina di Roma

*Il Commesso*  Buongiorno, signora.

*La Signora*  Buongiorno. Vorrei una cartolina.

*Il Commesso*  Prego, signora. Una cartolina di Roma?

*La Signora*  Sì. Vorrei questa cartolina di San Pietro.

*Il Commesso*  Prego, signora.

*La Signora*  Quanto costa?

*Il Commesso*  Costa cinquanta lire.

*La Signora*  Vorrei anche un francobollo.

*Il Commesso*  Prego, signora. Cento lire...Grazie.

*La Signora*  Prego. Buongiorno.

*Il Commesso*  Buongiorno, signora.

Quanto costa la cartolina?   .......................................................

Quanto costa il francobollo?   ....................................................

### Quanto costa?

*La Signora* Quanto costa questo libro?
*Il Commesso* Il libro costa quattrocento lire, signora.
*La Signora* E quanto costa questa penna?
*Il Commesso* La penna costa duecento lire.
*La Signora* E questo cappello?
*Il Commesso* Il cappello costa novecento lire.
*La Signora* E quanto costa questa cravatta?
*Il Commesso* La cravatta costa mille lire, signora.
*La Signora* Mille lire! Ma costa troppo. È molto cara.
*Il Commesso* Ma non costa troppo. Costa poco. Non è cara, signora.
*La Signora* Beh!...Buongiorno.
*Il Commesso* Buongiorno, signora. Grazie.

I Il libro è caro!                    Non è caro, signora

1 La cravatta è cara!                 ...............................................
2 Il cappello costa troppo!           ...............................................
3 La cartolina costa troppo!          ...............................................
4 La penna è cara!                    ...............................................

II Il gelato è napoletano?            No, non è napoletano.

1 Don Luigi sta bene?                 ...............................................
2 Il padrone parla inglese?           ...............................................
3 La signora parla italiano?          ...............................................
4 Il dottore vuole un caffè?          ...............................................
5 La birra è tedesca?                 ...............................................

### Carla compra un bel vestito

*Carla* Buongiorno.
*La Commessa* Buongiorno, signorina. Che cosa desidera?
*Carla* Quanto costa questo rossetto?
*La Commessa* Costa seicento lire, signorina.
*Carla* Costa poco. Non è caro. Quanto costa questa borsa? È molto bella.
*La Commessa* Costa otto mila lire, signorina.
*Carla* Otto mila! È molto cara, signora.
*La Commessa* Ma è di pelle, signorina.
*Carla* È di pelle? Allora, non è cara...Che bel vestito! Quanto costa? È molto bello.
*La Commessa* Questo vestito costa dieci mila lire, signorina.
*Carla* Dieci mila! Costa poco. Non è caro.

(*Entra Ernesto*)

*Ernesto* Carla! Che sorpresa!

*Carla* Ernesto! Come sta?

*Ernesto* Sto bene, Carla. Che bel vestito!

*Carla* È molto bello. E costa soltanto dieci mila lire.

*Ernesto* Soltanto dieci mila lire? Non è caro.

*Carla* No, non è caro. Vorrei il vestito, signora, e compro anche questo rossetto.

*La Commessa* Prego, signorina.

III Vuole un vestito?        Sì, vorrei questo vestito

1 Vuole una penna?    ..............................................
2 Vuole una cravatta?   ..............................................
3 Vuole una borsa?      ..............................................
4 Vuole un libro?       ..............................................
5 Vuole un rossetto?    ..............................................
6 Vuole un cappello?   ..............................................

IV Quanto costa la cartolina?   (L.50)     Costa cinquanta lire

| | | |
|---|---|---|
| 1 Quanto costa il francobollo? | (L.50) | .............................. |
| 2 Quanto costa il libro? | (L.400) | .............................. |
| 3 Quanto costa la penna? | (L.200) | .............................. |
| 4 Quanto costa il cappello? | (L.900) | .............................. |
| 5 Quanto costa la cravatta? | (L.1000) | .............................. |
| 6 Quanto costa il rossetto? | (L.600) | .............................. |
| 7 Quanto costa la borsa? | (L.8000) | .............................. |
| 8 Quanto costa il vestito? | (L.10.000) | .............................. |

V È un gelato napoletano?   No, non è un gelato napoletano

1 È una cravatta inglese?   ..............................................
2 È un libro italiano?     ..............................................
3 È un cappello grigio?    ..............................................
4 È un caffè espresso?    ..............................................
5 È un vestito azzurro?    ..............................................

## Notes

| | |
|---|---|
| quanto costa? | how much does it cost? |
| costa troppo | it costs too much |
| costa poco | (lit.: it costs little) it doesn't cost much |
| è caro (cara) | it's expensive |

25

| | |
|---|---|
| è di pelle | it's made of leather |
| entra Ernesto | Ernesto enters (the subject often comes after the verb for extra emphasis) |

Il negozio

| | |
|---|---|
| *Che cosa desidera?* | Can I help you? (lit.: what do you desire?) |

| | |
|---|---|
| compro | I buy |
| compra | you buy |
| | he, she buys |

| | |
|---|---|
| *Che cosa compra?* | What are you buying? |
| *Compro un vestito* | I'm buying a dress |

## The negative

The negative is formed by putting *non* before the verb:

Non è caro
Non costa troppo
Il libro non è caro
Questo vestito non costa molto
Il padrone non parla italiano
Non sono inglese

| | | | |
|---|---|---|---|
| 1 | uno, una | 6 | sei |
| 2 | due | 7 | sette |
| 3 | tre | 8 | otto |
| 4 | quattro | 9 | nove |
| 5 | cinque | 10 | dieci |

| | |
|---|---|
| 50 | cinquanta |
| 100 | cento |
| 200 | duecento |
| 1,000 | mille |
| 10,000 | dieci mila |
| 1,000,000 | un milione |

To say 200, 300 etc., just add *cento* to the unit:

> *duecento, trecento*, etc.

Notice that *mille* changes to *mila* if it is combined with a number:

> *duemila, tremila*, etc.

*Questo, questa*

*Questo* is used with masculine nouns, *questa* is used with feminine nouns:

> Questo libro è bello
>
> Questa borsa è bella

N.B. Both *questo* and *questa* usually become *quest'* before a vowel:

> Quest'acqua è fredda
>
> Quest'albergo è freddo

---

> Quanto costa?
>
> > Un milione!!!
>
> Costa troppo!

---

# 5ª lezione  *Amici, buona sera!*

*Ugo*  Amici, buona sera!
Sono Ugo. Hugh in inglese – Ugo in italiano. Sono inglese
e abito in Inghilterra. Sono di Londra; sono londinese.
Parlo inglese e italiano.
Adesso arriva Ernesto, e poi arriva Carla. Ernesto è un
amico italiano, e Carla è un'amica italiana. Dov'è Ernesto?
Eccolo! Ciao, Ernesto.

*Ernesto*  Ciao, Ugo. Amici, buona sera!
Io sono Ernesto. Sono italiano e abito in Italia.
Sono di Livorno; sono livornese. Livorno è un porto. È
vicino a Pisa. Abito in una casa moderna. Sono un pittore e
anche uno scultore. Lavoro in uno studio. Lo studio è sempre pieno di sole. Ha una grande finestra, e guarda il mare.
Dov'è Carla? Eccola! Buona sera, Carla.

*Carla*  Buona sera, Ernesto. Buona sera, Ugo. Amici, buona sera!
Io sono Carla, e sono italiana. Abito a Roma; sono romana.
Sono una maestra. Insegno in una scuola vicino a casa mia.
È un lavoro simpatico. Abito vicino a Piazza di Spagna, in
una casa vecchia. Ho un piccolo appartamento. Una
finestra guarda tutta Roma.

| *Dove?* | Where? |
|---|---|

| | |
|---|---|
| *Dove abita?* | Where do you (does he, she) live? |
| *Dove abita Ugo?* | Where does Hugh live? |
| *Dove lavora Ernesto?* | Where does Ernesto work? |
| *Dove insegna Carla?* | Where does Carla teach? |

| *Dov'è?* | Where is? |
|---|---|

| | |
|---|---|
| *Dov'è Carla?* | Where's Carla? |
| *Dov'è il pittore?* | Where's the painter? |
| *Dov'è Livorno?* | Where's Livorno? |
| *Dov'è la casa di Ernesto?* | Where's Ernesto's house? |

I Dove abita Ugo?        Abita in Inghilterra
  Dov'è Livorno?         È vicino a Pisa

1 Dove abita Ernesto? ...............................................
2 Dove abita Carla? ...............................................
3 Dov'è lo studio di Ernesto? ...............................................
4 Dov'è la scuola di Carla? ...............................................
5 Dov'è la casa di Ugo? ...............................................
6 Dove lavora Ernesto? ...............................................
7 Dove insegna Carla? ...............................................
8 Dov'è l'appartamento di Carla? ...............................................

| *Di dov'è (Lei)?* | Where are you from? |

II Di dov'è Ugo?        È di Londra

1 Di dov'è Carla? ...............................................
2 Di dov'è Ernesto? ...............................................
3 Di dov'è Don Luigi? ...............................................

III Lo studio è moderno?        Sì, è uno studio moderno

1 La casa è moderna? ...............................................
2 Il lavoro è simpatico? ...............................................
3 Il pittore è livornese? ...............................................
4 La maestra è romana? ...............................................
5 Lo scultore è italiano? ...............................................
6 Lo studio è pieno di sole? ...............................................
7 L'amico è italiano? ...............................................
8 L'amica è italiana? ...............................................
9 Lo studente è inglese? ...............................................

IV Ecco lo studio        Eccolo!
   Ecco la casa        Eccola!

1 Ecco il mare ...............................................
2 Ecco il pittore ...............................................
3 Ecco la maestra ...............................................
4 Ecco la scuola ...............................................
5 Ecco la Piazza di Spagna ...............................................
6 Ecco il porto ...............................................
7 Ecco l'appartamento ...............................................
8 Ecco l'amico italiano ...............................................
9 Ecco l'amica italiana ...............................................

V Dov'è il cameriere?        Eccolo!

1 Dov'è la birra? .................................................
2 Dov'è lo zio? .................................................
3 Dov'è il bambino? .................................................
4 Dov'è la chiesa? .................................................
5 Dov'è l'ingresso? .................................................
6 Dov'è la piazza? .................................................
7 Dov'è lo scultore? .................................................


VI Lei è inglese?       Sì, sono inglese
    Lei abita in Inghilterra?       Sì, abito in Inghilterra

1 Lei abita a Londra? .................................................
2 Lei ha una bella casa? .................................................
3 Lei ha un lavoro simpatico? .................................................
4 Lei lavora molto? .................................................
5 Lei parla italiano? .................................................


VII Lei abita a Roma?       No, non abito a Roma

1 Lei abita a Livorno? .................................................
2 Lei abita in Italia? .................................................
3 Lei lavora in Italia? .................................................
4 Lei è un pittore? .................................................
5 Lei è uno scultore? .................................................
6 Lei ha uno zio italiano? .................................................
7 Lei parla bene italiano? .................................................


## Notes

| | |
|---|---|
| sono di Londra | I'm from London |
| sono di Roma | I'm from Rome |
| ciao | hullo, goodbye (only used between friends) |
| guarda il mare | it overlooks the sea |
| a | to (but note: *lavoro a Roma:* I work in Rome; *lavoro a Londra:* I work in London; *abito a Londra:* I live in London. *In* is used with countries: *abito in Italia, lavoro in Inghilterra*). |
| casa mia | my home |

**The Articles**

*Un* is used before all masculine words unless they begin with 'z', or 's' followed by a consonant, when *uno* must be used:

>           un porto
>           un mare
>           un amico

*But:*        uno scultore
>           uno studio
>           uno studente
>           uno zio
>           uno zoo

The definite article which corresponds to *uno* is *lo*:

>           lo scultore
>           lo studio
>           lo studente
>           lo zio
>           lo zoo

Here are all the articles in the singular:

| Indefinite article (a, an) | |
| --- | --- |
| masculine | feminine |
| *un, uno* | *una, un'* |

| Definite article (the) | |
| --- | --- |
| (with singular nouns) | |
| masculine | feminine |
| *il* | |
| *lo* | *la* |
| *l'* | *l'* |

Here are two more adjectives which usually come before the noun: *piccolo* and *grande*:

|  |  |
| --- | --- |
| un piccolo appartamento | una piccola piazza |
| un grande studio | una grande casa |

Note that *uno* and *lo* are only used if 's' + consonant or 'z' immediately follow:

lo studio *but*: il grande studio
uno scultore italiano *but*: un grande scultore

## Verbs

Here is a list of the verbs used in this lesson. They are listed in the infinitive:

| | |
|---|---|
| *essere* | to be |
| *avere* | to have |
| *abitare* | to live |
| *parlare* | to speak |
| *insegnare* | to teach |
| *arrivare* | to arrive |
| *lavorare* | to work |
| *guardare* | to look at |

| | *abitare* | *parlare* | *insegnare* | *arrivare* | *lavorare* | *guardare* |
|---|---|---|---|---|---|---|
| (io) | abito | parlo | insegno | arrivo | lavoro | guardo |
| (Lei, lui, lei) | abita | parla | insegna | arriva | lavora | guarda |

| *avere* | *essere* |
|---|---|
| ho | sono |
| ha | è |

The 'h' in *ho, ha* is not pronounced.

# 6ª lezione   *Ernesto telefona a Carla*

*Ernesto*  Zero, sei, cinque, quattro, sette, nove, due...
*Carla*  Pronto.
*Ernesto*  Chi parla?
*Carla*  Sono Carla.
*Ernesto*  Buona sera, Carla. Sono Ernesto. Come va?
*Carla*  Va bene. Ma il tempo è brutto.
*Ernesto*  Perchè? Che tempo fa a Roma?
*Carla*  Oggi fa brutto tempo. Mamma mia, che brutto tempo. Che pioggia! A Livorno che tempo fa?
*Ernesto*  Fa bel tempo. Oggi è bellissimo. C'è il sole. Lo studio è pieno di sole. Il cielo è sereno. Il mare è così calmo.
*Carla*  Beato Lei. Qui il cielo è nerissimo. Il Tevere è pieno di acqua, acqua giallissima. Piove forte.
*Ernesto*  Povera Carla.
*Carla*  Oggi la città è malinconica. L'appartamento è così buio.
*Ernesto*  Carla?
*Carla*  Che cosa vuole, Ernesto?
*Ernesto*  Vengo a Roma domani.
*Carla*  Bene!
*Ernesto*  C'è una mostra importante. È di un pittore toscano. Viene anche Lei?
*Carla*  Vengo volentieri. Quando arriva? Viene in macchina?
*Ernesto*  No, vengo in treno. C'è un treno la mattina. Arriva a mezzogiorno. Passo de Lei.
*Carla*  Ah, passa da me. Benissimo. Sa l'indirizzo?
*Ernesto*  Sì, so l'indirizzo...Ho un'idea. La sera vado 'da Gianni'. È una trattoria simpaticissima. Viene anche Lei?
*Carla*  Sì, vengo volentieri.
*Ernesto*  Allora, a domani!
*Carla*  A domani, Ernesto. A mezzogiorno. Arrivederci.
*Ernesto*  Arrivederci, Carla.

| I | Il mare è molto calmo | È calmissimo |
|---|---|---|
| | Roma è molto bella | È bellissima |

| 1 | La città è molto bella | ................................................ |
|---|---|---|
| 2 | Il tempo è molto brutto | ................................................ |
| 3 | L'acqua è molto gialla | ................................................ |
| 4 | Il cielo è molto nero | ................................................ |

5 La trattoria è molto simpatica .................................................
6 Don Luigi è molto simpatico .................................................
7 Questo caffè è molto caldo .................................................
8 Questa birra è molto buona .................................................

II Telefono domani          Non telefono domani

1 Oggi vengo da Lei .................................................
2 Oggi va a Roma .................................................
3 Il treno arriva la mattina .................................................
4 Arriva la sera .................................................
5 So l'indirizzo .................................................
6 La signora sa l'indirizzo .................................................
7 Il cameriere viene .................................................
8 Vado in macchina .................................................

III Va a Firenze?          Sì, vado a Firenze
    Telefona a Don Luigi?      Sì, telefono a Don Luigi

1 Passa da Don Luigi? .................................................
2 Va a Roma domani? .................................................
3 Sa l'indirizzo? .................................................
4 Arriva a mezzogiorno? .................................................
5 Viene in treno? .................................................
6 Viene 'da Gianni'? .................................................

IV Va a Firenze?          No, non vado a Firenze
    Viene in treno?         No, non vengo in treno

1 Va in macchina? .................................................
2 Va a Livorno? .................................................
3 Viene domani? .................................................
4 Viene da Don Luigi? .................................................

V Che tempo fa a Roma?      Fa brutto tempo

1 Che tempo fa a Livorno? .................................................
2 Com'è lo studio? .................................................
3 Com'è il cielo? .................................................
4 Com'è il mare? .................................................
5 Piove a Roma? .................................................
6 Com'è la città? .................................................
7 Com'è l'appartamento? .................................................
8 Quando arriva il treno? .................................................

# Notes

| | |
|---|---|
| pronto | hullo (only on the telephone, otherwise: ready). |
| chi parla? | who's speaking? |
| sono Carla | it's Carla |
| come va? | how are things? how goes it? |
| va bene | alright; okay |
| che tempo fa? | what's the weather like? |
| fa brutto (bel) tempo | it's bad (fine) weather |
| piove | it's raining |
| c'è il sole | the sun is shining (lit: there is the sun) |
| piove forte | it's raining hard |
| beato (beata) Lei! | lucky you! |
| viene? | are you coming? |
| viene anche Lei? | are you coming too? (will you come too?) |
| vengo domani | I'm coming tomorrow, I'll come tomorrow (note: the present is often used in Italian with a future idea) |
| vengo volentieri | I'd love to come (lit.: willingly I'm coming) |
| in macchina | by car |
| in treno | by train |
| passo da Lei | I'll call at your house |
| da me | at my house |
| da Carla | at Carla's house |
| la mattina | (in) the morning |
| la sera | (in) the evening |
| a domani! | till tomorrow! see you tomorrow! |
| a mezzogiorno! | till mid-day! see you at mid-day! |

| andare | sapere | venire |
|---|---|---|
| vado | so | vengo |
| va | sa | viene |

## To translate 'very':

Instead of using *molto* with the adjective it is very common to add *-issimo* (masc.) or *-issima* (fem.) to the adjective.

molto bello = bellissimo
molto bella = bellissima

Note that the final vowel of the adjective is dropped before the ending is added:

| molto brutto | bruttissimo |
| molto simpatico | simpaticissimo |

The same applies to adverbs:

| molto bene | benissimo |
| molto male | malissimo |

Note *precipitevolissimevolmente* ('very quickly, in a jiffy')—it is the longest word in Italian!

## Towns

The names of towns are always feminine even if they end in *o*:

Livorno è bella

*Il Gettone*

Public telephones in Italy are worked by inserting a token, *un gettone*, which you can buy in most bars and at newspaper kiosks as well as in post offices. It costs *L.45* which is the charge for a local call.

## Some telephone code numbers:

| | |
|---|---|
| ROMA | 06 |
| MILANO | 02 |
| VENEZIA | 41 |
| FIRENZE | 55 |
| TAORMINA | 942 |
| LIVORNO | 0586 |

Sa il prefisso di Roma?   Sì, il prefisso di Roma è 06

Precipitevolissimevolmente
Che parola lunga!

# 7ª lezione  *Il compleanno di Carla*

*Carla* Che bel tempo! Che bella giornata! Ernesto, Lei porta il
sole a Roma.

*Ernesto* Che bella città è Roma!

*Carla* Oggi è festa a Roma.

*Ernesto* Festa? Perchè?

*Carla* È il compleanno di Carla...

*Ernesto* Auguri, Carla! Vuole un regalo?

*Carla* Naturalmente...Mi piace quella macchina. Quant'è grande!
Che bel regalo di compleanno! Quant'è bella!

*Ernesto* Non sono miliardario, Carla.

*Carla* Che peccato. È l'ultimo modello...Ecco una bella cosa!

*Ernesto* Che cos'è?

*Carla* È un ombrello. Mi piace tanto. È un modello inglese.
È di moda.

*Ernesto* Sa quanto costa?

*Carla* Non so. Dieci mila lire?

*Ernesto* Allora compro quella borsa rossa. La compro?

*Carla* Ma è un brutto rosso. Non mi piace. Quant'è brutto!

*   *   *

*Carla* Là c'è un bel negozio!

*Ernesto* Qui compro il regalo. Sì, lo compro qui! Compro quella
teiera?

*Carla* Non bevo tè, bevo caffè.

*Ernesto* Un momento! Non beve tè, beve caffè? Allora una
caffettiera napoletana!

*Carla* Già! Non ho una caffettiera napoletana.

*Ernesto* Le piace l'idea?

*Carla* Sì, mi piace moltissimo. Entriamo...Ecco una bella
caffettiera! Che fortuna!

*Ernesto* Ma questo negozio ha tutto. Vede questa macchina fotografica? E quella radio? E quello specchio? Mi piace
quest'orologio. Le piace, Carla?

*Carla* E quel vecchio grammofono...quant'è romantico!

*Ernesto* E quella chitarra. Mi piace molto. Compriamo la chitarra?

*Carla* No, no, voglio la caffettiera.

*Ernesto* Va bene. La compro precipitevolissimevolmente. E auguri
per il compleanno.

I Le piace questa chitarra?   Sì, mi piace tanto
          Sì, mi piace molto
          Sì, mi piace moltissimo

1 Le piace questo specchio? .................................................
2 Le piace questa macchina? .................................................
3 Le piace questo negozio? .................................................
4 Le piace questa borsa? .................................................
5 Le piace questo modello? .................................................
6 Le piace quest'orologio? .................................................

II Compra il vestito?     No, non mi piace
  Vuole la radio?      No, non mi piace

1 Compra l'ombrello? .................................................
2 Vuole la caffettiera? .................................................
3 Compra la teiera? .................................................

III È una bella chitarra    Sì, quella chitarra mi piace molto
   È un bello specchio    Sì, quello specchio mi piace molto

1 È una bella macchina .................................................
2 È un bel negozio .................................................
3 È una bella borsa .................................................
4 È un bel modello .................................................
5 È un bell'orologio .................................................

IV Vuole questo specchio?  No, vorrei quello specchio
   Vuole quest'ombrello?  No, vorrei quell'ombrello

1 Vuole questa macchina? .................................................
2 Vuole questa chitarra? .................................................
3 Vuole questo modello? .................................................
4 Vuole questa teiera? .................................................
5 Vuole questa caffettiera? .................................................

*Una caffettiera napoletana*

V Il regalo è bello               È un bel regalo
                                  Che bel regalo!

1 Il negozio è bello           ...........................................
2 Lo specchio è bello          ...........................................
3 Lo studio è bello            ...........................................
4 Lo zio è bello               ...........................................
5 L'orologio è bello           ...........................................
6 L'ombrello è bello           ...........................................
7 L'italiana è bella           ...........................................
8 La chitarra è bella          ...........................................
9 La caffettiera napoletana è
   bella                        ...........................................
10 La macchina fotografica è
   bella                        ...........................................

VI Mi piace questa cravatta      Allora la compro
   Mi piace quest'orologio       Allora lo compro

1 Mi piace questa radio        ...........................................
2 Mi piace questo libro        ...........................................
3 Mi piace questo cappello     ...........................................
4 Mi piace questa borsa di pelle ...........................................
5 Mi piace questo vestito      ...........................................
6 Mi piace questa macchina foto-
   grafica                      ...........................................

## Notes

| | |
|---|---|
| che bella giornata! | what a lovely day! (note the idiomatic use of *giornata* instead of *giorno* in this very common expression) |
| che bella città è Roma! | what a beautiful city Rome is! |
| oggi è festa a Roma | it's a holiday in Rome today |
| auguri! | best wishes! (*auguri* is used on all occasions for wishing someone well, so it can mean 'Happy Christmas, Happy New Year, Happy Birthday,' etc.) |
| quant'è bello (bella)! ⎫ com'e bello (bella)! ⎭ | how lovely it is! (*quanto* and *come* are abbreviated to *quant'* and *com'* before a vowel, and they are interchangeable in this sort of expression) |
| non sono miliardario | I'm not a millionaire |
| che peccato | what a pity |

39

| | |
|---|---|
| che cos'è? | what is it? |
| di moda | in fashion |
| già! | oh yes, of course! |
| entriamo | let's go in |
| compriamo | let's buy |
| che fortuna! | how lucky! |

Note that *radio* is feminine – *la radio* – even though it ends in '*o*'.

## Adjectives

Adjectives normally follow the noun but a few very common ones usually precede it. The most important of these are:

> grande
> piccolo
> bello
> buono
> brutto
> *Che brutto cappello!*
> *Che grande macchina!*
> *Che piccola casa!*

*Bello* has forms similar to the definite article when it precedes the noun.

| | | | |
|---|---|---|---|
| bel | bello | bell' | bella |
| (il) | (lo) | (l') | (la) |

| | |
|---|---|
| Il regalo è bello | È un bel regalo |
| Lo specchio è bello | È un bello specchio |
| L'ombrello è bello | È un bell'ombrello |
| L'italiana è bella | È una bell'italiana |
| La caffettiera è bella | È una bella caffettiera |

*Quello* is like *bello*

| | | | |
|---|---|---|---|
| quel | quello | quell' | quella |

| | |
|---|---|
| il negozio | quel negozio |
| lo specchio | quello specchio |
| lo zio | quello zio |
| l'orologio | quell'orologio |
| la casa | quella casa |
| l'amica | quell'amica |

Three more verbs: *vedere*, to see, *bere*, to drink, and *volere*, to want:

| *vedere* | *bere* | *volere* |
|----------|--------|----------|
| vedo | bevo | voglio |
| vede | beve | vuole |

Le piace questa macchina?
  Sì, mi piace tanto
            molto
            moltissimo
  Sì, questa macchina mi piace tanto

| | |
|---|---|
| *Le piace?* | Do you like it? (lit.: is it pleasing to you?) |
| *Sì, mi piace* | Yes, I like it (lit.: it is pleasing to me) |
| *Le piace questa borsa?* | Do you like this handbag? |
| *Sì, mi piace moltissimo* | Yes, I like it very much indeed |
| *No, non mi piace* | No, I don't like it |

## Object pronouns

We have had *lo* and *la* in the idiom *eccolo, eccola*. *Lo* is the object pronoun for masculine things and people, *la* for feminine.

    *Ecco una bella radio! La compro subito*
    Here's a nice radio! I'll buy it straight away

Note that *lo* and *la* go immediately before the verb:

    *Beve caffè? No, non lo bevo*

# 8ª lezione 'Da Gianni' si mangia bene

'Da Gianni' è una piccola trattoria. Il padrone è Gianni. È un uomo simpatico e allegro. Concetta, la moglie di Gianni, è la cuoca. 'Da Gianni' si mangia bene; è cucina casalinga. Si beve benissimo. Hanno un vino ottimo. Stasera Ernesto e Carla mangiano 'da Gianni'. Arrivano adesso. Hanno fame. Hanno molta fame...

*Gianni* Buona sera, signori! Benvenuti 'da Gianni'! Benvenuta, signorina!

*Ernesto* Buona sera, Gianni. Oggi è il compleanno di Carla.

*Gianni* Auguri, signorina! Cento di questi giorni! Ecco un tavolo per voi.

*Ernesto* Grazie, Gianni. Dov'è Concetta?

*Gianni* È in cucina. Allora, cosa mangiate, signori?

*Carla* Ha la lista, per favore?

*Gianni* La lista, signorina, sono io. Per antipasto abbiamo il prosciutto, il salame e le olive...E poi abbiamo il minestrone ...E poi la pastasciutta: i ravioli e le lasagne...E per secondo ci sono le cotolette alla milanese, lo stufato... E poi c'è il pollo arrosto, e il pesce. Poi abbiamo i contorni: i piselli, i carciofi, le patatine, e l'insalata...E poi la frutta. E poi c'è il formaggio e poi il gelato.

*Carla* E poi?

*Gianni* E poi il conto, signorina!

*Ernesto* Ma prima vorrei mangiare. Ho molta fame. Ho una fame da lupi.

*Carla* Anch'io ho fame.

*Gianni* Che cosa mangiate, signori?

*Ernesto* Cosa mangiamo, Carla? Ordino io?

*Carla* D'accordo.

*Ernesto* Va bene. Vorrei due antipasti e due pastasciutte, poi due cotolette con insalata e patatine.

    *Gianni* E poi?
    *Carla* E poi, il conto!

I Stasera mangio 'da Gianni'

    Stasera Lei..              Stasera Lei mangia 'da Gianni'
    Stasera noi..            Stasera noi mangiamo 'da Gianni'

1 Stasera Ernesto...      ..............................................
2 Stasera noi...           ..............................................
3 Stasera voi...           ..............................................
4 Stasera Ernesto e Carla...   ..............................................

---

**anche**

| | |
|---|---|
| anch'io | anche noi |
| anche Lei | anche voi |
| anche lui | anche loro |
| anche lei | |

---

II Ho fame               Anch'io ho fame
   Mangio 'da Gianni'      Anch'io mangio 'da Gianni'

1 Vorrei una cotoletta     ..............................................
2 Abito a Roma         ..............................................
3 Sono inglese          ..............................................
4 Sono di Londra       ..............................................

III Ho fame           Anche noi abbiamo fame
    Mangio 'da Gianni'     Anche noi mangiamo 'da Gianni'

1 Sono italiano         ..,..........................................
2 Abito a Milano       ..............................................
3 Lavoro a Venezia     ..............................................
4 Ho una fame da lupi    ..............................................

IV Una cotoletta, signore?   No, due cotolette, per favore
    Un gelato, signore?     No, due gelati, per favore

1 Un cappuccino, signore?   ..............................................
2 Un minestrone, signore?   ..............................................
3 Una limonata, signore?    ..............................................
4 Un'aranciata, signore?    ..............................................
5 Una pastasciutta, signore?  ..............................................

V  Ecco il cappuccino        Ecco i cappuccini

1  Ecco l'insalata        .............................................
2  Ecco la pastasciutta    .............................................
3  Ecco il minestrone    .............................................
4  Ecco il pesce    .............................................
5  Ecco il salame    .............................................

VI  Ci sono i piselli?    Sì, abbiamo i piselli, signorina

1  Ci sono i carciofi?    .............................................
2  Ci sono le cotolette alla
    milanese?    .............................................
3  Ci sono i ravioli?    .............................................
4  Ci sono le lasagne?    .............................................
5  Ci sono le olive?    .............................................
6  Ci sono le patatine?    .............................................

VII  Ci sono i carciofi?    No, mi dispiace, non ci sono i carciofi

1  Ci sono le cotolette alla
    milanese?    .............................................
2  Ci sono i ravioli?    .............................................
3  Ci sono le lasagne?    .............................................
4  Ci sono le olive?    .............................................
5  Ci sono le patatine?    .............................................

VIII

1  Che cos'è 'da Gianni'?    .............................................
2  Chi è il padrone?    .............................................
3  Com'è Gianni?    .........................................  ......
4  Chi è la cuoca?    .............................................
5  Stasera chi mangia 'da Gianni'?    .............................................
6  Dov'è Concetta?    .............................................

## Notes

| 'da Gianni' | (at) 'Gianni's' |
|---|---|
| si mangia bene 'da Gianni' | one eats well at 'Gianni's' |
| cucina casalinga | home cooking |
| si beve benissimo | one drinks very well |
| stasera | this evening (more common than *questa sera*) |

| | |
|---|---|
| signori | (this is the plural of *signore* and can include women. Be careful not to confuse *signore* (sing. = Sir or Mr.) with *signore*, the plural of *signora*) |
| benvenuto! | welcome! |
| cento di questi giorni! | many happy returns! |
| in cucina | in the kitchen |
| la pastasciutta | (the general name for all shapes of *pasta* including *spaghetti, tagliatelle, vermicelli, maccheroni, rigatoni* and many others) |
| ci sono | there are (the plural of *c'è*: *c'è il formaggio, ci sono le cotolette*) |
| ho una fame da lupi | I'm as hungry as a horse (lit: as wolves) |
| ordino io? | shall I order? (*Io* put after the verb has special emphasis) |
| d'accordo! | fine! alright! |

> La lista, per favore!

| | |
|---|---|
| per antipasto | for hors d'oeuvres |
| per primo (piatto) | for the first course |
| per secondo (piatto) | for the second (main) course |

> Il conto, per favore!

## Verbs

Here is the present of *avere*, to have, and *essere*, to be:

| | *avere* | *essere* |
|---|---|---|
| (io) | ho | sono |
| (Lei, lui, lei) | ha | è |
| (noi) | abbiamo | siamo |
| (voi) | avete | siete |
| (loro) | hanno | sono |

Important: note this expression with *avere*:

*Ho fame* I am hungry

*Abbiamo una fame da lupi* We are as hungry as horses.

Italian verbs are classed in three conjugations according to whether their infinitive ends in *-are*, *-ere* or *-ire*:

1st conjugation: infinitive ending in *-are*.

2nd conjugation: infinitive ending in *-ere*. (see lesson 10)

3rd conjugation: infinitive ending in *-ire*. (see lessons 11 and 12)

**First Conjugation**

|  | *parlare* |
|---|---|
| (io) | parl-o |
| (Lei, lui, lei) | parl-a |
| (noi) | parl-iamo |
| (voi) | parl-ate |
| (loro) | parl-ano |

All regular verbs with infinitives ending in *-are* follow the pattern of *parlare*, e.g.: *mangiare*

| (io) | mangio |
|---|---|
| (Lei, lui, lei) | mangia |
| (noi) | mangiamo |
| (voi) | mangiate |
| (loro) | mangiano |

Stress: Note that in the 3rd person plural (*parlano*, *mangiano*) the stress is on the third syllable from the end – *párlano*, *mángiano*

**Plurals**

Masculine words have their plural in *-i*:

| giorno | giorni |
|---|---|
| padrone | padroni |

The definite article *il* becomes *i*:

i giorni

i padroni

Feminine words which end in *-a* have their plural in *-e*:

| cotoletta | cotolette |
|---|---|

Feminine words which end in *-e* have their plural in *i*:

| madre | madri |
|---|---|

The definite article with all feminine plural words is *le*:

le cotolette

le madri

le italiane

(For the plural of *lo* and *l'* when used with masculine words, see next lesson).

46

Note that the definite article is often used in Italian where it is never used in English:

*Abbiamo il prosciutto e il salame*
We have ham and salami

> Buon appetito!
> Grazie, altrettanto

# 9ª lezione 'Da Gianni' (secondo atto) . . . Al bacio!

*Ernesto* 'Da Gianni' tutto è buono. Gli antipasti sono speciali, le olive verdi sono squisite; gli spaghetti sono sempre al dente, le cotolette sono tenere e saporite. E i vini sono ottimi, specialmente il Frascati.

*Gianni* Grazie, signor Ernesto. Non mangiate altro? Abbiamo il formaggio: formaggi dolci o piccanti. E poi la frutta: mele deliziose, pere cotte, banane. E poi i dolci. Le piacciono i dolci, signorina?

*Carla* Sì, mi piacciono tanto i dolci.

*Gianni* C'è la zuppa inglese o la macedonia di frutta. Ci sono anche buoni gelati.

*Ernesto* Che cosa prende, Carla?

*Carla* La scelta è difficile; la lista è così lunga...Prendo una zuppa inglese.

*Gianni* Brava, signorina! La zuppa inglese è ottima. E per Lei, signor Ernesto?

*Ernesto* Io prendo un po' di formaggio piccante, e anche una zuppa inglese.

*Gianni* Bravo! Lei è una buona forchetta.

*Carla* Gianni, anch'io prendo un po' di formaggio.

*Gianni* Brava! Allora, siete due buone forchette!

*Ernesto* Carla, dopo prendiamo un caffè al bar. C'è un bar all'angolo. Gianni non ha caffè espresso.

*Carla* Benissimo!

\*   \*   \*

*Gianni* Ecco le due zuppe inglesi, signori!

*Ernesto* Grazie, Gianni. Ha una bottiglia di spumante? Così festeggiamo il compleanno di Carla.

*Gianni* Sì, naturalmente c'è lo spumante; lo porto subito.

*Ernesto* Carla, che cosa fa domani mattina? È libera?

*Carla* Domani mattina presto vado dal parrucchiere, e poi dalla sarta. Dopo sono libera.

*Ernesto* Passo da Lei a mezzogiorno, va bene? E poi andiamo alla stazione insieme.

*Carla* Ottima idea!

*Gianni* Ecco lo spumante! Come sono le zuppe inglesi?

*Ernesto* Al bacio! Brindiamo a Carla! Gianni, ecco un bicchiere anche per Lei.

*Gianni* Grazie. Alla signorina Carla!

*Ernesto* Auguri!

*Gianni* Auguri!


I Ecco le cotolette!                    Le cotolette sono pronte

1 Ecco gli antipasti            ..............................................
2 Ecco gli spaghetti            ..............................................
3 Ecco le mele                  ..............................................
4 Ecco le banane                ..............................................
5 Ecco le pere                  ..............................................
6 Ecco le zuppe inglesi         ..............................................
7 Ecco i gelati                 ..............................................
8 Ecco le macedonie             ..............................................
9 Ecco gli espressi             ..............................................
10 Ecco i pesci                 ..............................................


II Le piacciono queste mele cotte? Sì, sono ottime

1 Le piacciono questi spaghetti?     ..............................................
2 Le piacciono questi formaggi
   piccanti?                          ..............................................

   Le piacciono questi vini romani? Sì, sono squisiti

3 Le piacciono questi gelati
   napoletani?                        ..............................................
4 Le piacciono queste banane
   siciliane?                         ..............................................

Le piacciono queste cotolette
alla milanese?            Sì, sono molto saporite

5 Le piacciono questi antipasti? .......................................

6 Le piacciono queste olive verdi? .......................................


III Che bella trattoria!         Che belle trattorie!

    Che padrone allegro!       Che padroni allegri!

1 Che cameriere simpatico! .......................................

2 Che vino rosso! .......................................

3 Che salame piccante! .......................................

4 Che cotoletta speciale! .......................................

5 Che pera deliziosa! .......................................

6 Che mela dolce! .......................................

7 Che buona forchetta! .......................................


IV Questi minestroni sono troppo   Sono freddissimi
    freddi

1 Questi formaggi sono troppo
    piccanti                     .......................................

2 Questi vini sono troppo forti    .......................................

3 Queste banane sono troppo verdi .......................................

4 Questi pesci sono troppo piccoli .......................................

5 Questi spaghetti sono troppo
    cotti                       .......................................

6 Queste cotolette sono troppo
    crude                     .......................................

7 Queste mele sono troppo vecchie .......................................

8 Questi carciofi sono troppo cari .......................................


V Va alla trattoria?           Sì, vado alla trattoria

1 Va al bar? .......................................

2 Va alla stazione? .......................................

3 Va all'albergo? .......................................

4 Va allo zoo? .......................................

5 Va allo studio? .......................................

6 Va alla fontana di Trevi? .......................................

7 Va dal dottore? .......................................

8 Va dal parrucchiere? .......................................

9 Va dalla sarta? .......................................

VI Sa dov'è la stazione?   Sì, vengo dalla stazione

1 Sa dov'è la casa di Ugo?   ............................................
2 Sa dov'è la chiesa di San
   Lorenzo?   ............................................
3 Sa dov'è lo studio di Ernesto?   ............................................
4 Sa dov'è il bar 'Italia'?   ............................................
5 Sa dov'è l'albergo 'Rossini'?   ............................................
6 Sa dov'è lo zoo?   ............................................

VII Brindiamo a Carla?   Ottima idea! Brindiamo a Carla!

1 Prendiamo un caffè?   ............................................
2 Festeggiamo il compleanno di
   Carla?   ............................................
3 Andiamo alla mostra?   ............................................
4 Andiamo dal parrucchiere?   ............................................
5 Compriamo lo spumante?   ............................................
6 Andiamo a Roma?   ............................................
7 Mangiamo 'da Gianni'?   ............................................

## Notes

| | |
|---|---|
| al bacio! | to perfection! (lit: to the kiss!) |
| spaghetti al dente | *spaghetti* cooked to a turn; neither too hard nor too soft |
| il (vino di) Frascati | (the most famous Roman white wine) |
| signor Ernesto | (a little more familiar than *signor Mussi* would be) |
| non mangiate altro? | aren't you going to eat anything else? |
| e poi la frutta: mele deliziose...banane. | (the definite article may be omitted if the nouns form part of a list) |
| la zuppa inglese | 'English' trifle, Italian style |
| bravo! (adj.) | good! well done! (used in complimenting someone. Note that if it's the *primadonna* you're applauding you must shout *brava!*) |
| un po' di... | a little (of)...(*po'* is an abbreviation for *poco*). |
| una buona forchetta | a good eater; a good trencherman (lit: a good fork) |
| Gianni non ha caffè espresso | (many Italian restaurants don't have the special espresso coffee machines) |
| così festeggiamo il compleanno di Carla | and so we'll celebrate Carla's birthday |
| ottima idea! | (very) good idea! |
| brindiamo a Carla! | let's toast Carla! |

**The Definite Article** (continued from lesson 8)

| singular | plural |
|----------|--------|
| *lo* | *gli* |
| *l'*(masc.) | *gli* |

| | |
|---|---|
| lo stufato | gli stufati |
| lo scultore | gli scultori |
| l'antipasto | gli antipasti |
| l'amico | gli amici |

Here is a table showing all the definite articles:

| Masculine | |
|-----------|---|
| sing. | plur. |
| *il* | *i* |
| *lo* | *gli* |
| *l'* | |

| Feminine | |
|----------|---|
| sing. | plur. |
| *la* | *le* |
| *l'* | |

**The plural of nouns and adjectives**

| masculine | | feminine | |
|-----------|-------|----------|-------|
| sing. | plur. | sing. | plur. |
| *-o* | *-i* | *-a* | *-e* |
| *-e* | | *-e* | *-i* |

I gelati italiani sono buoni
I formaggi dolci sono speciali
Gli spaghetti napoletani sono ottimi
Le zuppe inglesi sono squisite

*Note:* Masculine adjectives and nouns ending in *-co* **usually have their** plural in *-ci*:

| | |
|---|---|
| l'amico | gli amici |
| un amico simpatico | amici simpatici |

Feminine words ending in -*ca* usually have their plural in -*che*:

        una bistecca                    due bistecche

        Le lezioni sono simpatiche

Most masculine words ending in -*io* drop the *o* in the plural:

        lo studio                      gli studi

*But:*

        lo zio                          gli zii

## The definite article with *a* and *da*

| | |
|---|---|
| a + il = al | da + il = dal |
| a + la = alla | da + la = dalla |
| a + l' = all' | da + l' = dall' |
| a + lo = allo | da + lo = dallo |

Vado al bar                     Vengo dal bar

Vado alla stazione            Vengo dalla stazione

Vado all'albergo              Vengo dall'albergo

Vado allo zoo                 Vengo dallo zoo

Remember that *da*, as well as meaning 'from', can also mean: to or at the house or shop of...

        *Sono da Carla*               I'm at Carla's house

        *Sono dal parrucchiere*      I'm at the hairdresser's

        *Vado dal dottore*           I'm going to the doctor's

        *Vado dalla sarta*           I'm going to the dressmaker's

*Andare*, to go, is an irregular -*are* verb:

| |
|---|
| *andare* |
| vado |
| va |
| andiamo |
| andate |
| vanno |

> Le piacciono i dolci?
> Sì, mi piacciono molto

| | |
|---|---|
| *Le piacciono le pere?* | Do you like pears? (lit: are pears pleasing to you?) |
| *Sì, mi piacciono* | Yes I like them (lit: yes, they are pleasing to me) |

Note that the *noi* form of the verb can translate 'let's..' (i.e. it is also an imperative):

| | |
|---|---|
| *Andiamo!* | Let's go! |
| *Ripetiamo!* | Let's repeat! |

Expressions with *avere*:

| | |
|---|---|
| *ho fame (sete)* | I am hungry (thirsty) |
| *ho caldo (freddo)* | I am warm (cold) |
| *ho ragione* | I am right |
| *ho ventisei anni* | I am twenty-six |

# 10ᵃ lezione *Al Bar dello Sport*

Dopo la cena 'da Gianni', Ernesto e Carla vanno al bar dello Sport. Al bar c'è poca gente. È abbastanza tardi. Ernesto e Carla prendono due caffè espressi. Prima prendono lo scontrino alla cassa. Un caffè espresso costa L.60 al banco.

*Ernesto* Due espressi, signora.
*La Cassiera* 120 lire, signore.
*Ernesto* Grazie...Barista!
*Barista* Che cosa prendete, signori?
*Ernesto* Prendiamo due espressi.
*Barista* Subito, signore!
*Ernesto* Dove andiamo dopo, Carla?
*Carla* Andiamo al cinema? C'è un bel film al Rialto.

*Ernesto* Ma ora è un po' tardi. Sono le 10 e qualcosa. A che ora
comincia lo spettacolo?

*Carla* Già! Comincia alle 10. Che sciocca!

*Ernesto* Non importa. Stasera la sua città è troppo bella per andare
al cinema.

*Carla* Allora facciamo una passeggiata?

*Ernesto* Buon'idea! Facciamo una passeggiata. Roma di notte è una
meraviglia.

*Barista* Ecco, signori! I due espressi sono pronti. Ecco lo
zucchero!

*  *  *

*Barista* Scusi, signore.

*Ernesto* Prego.

*Barista* Lei è toscano?

*Ernesto* Sì, sono di Livorno.

*Barista* Benvenuto a Roma! È bella Roma, eh signorina? A
Livorno non c'è niente.

*Ernesto* A Livorno c'è il mio mare.

*Carla* È a Roma il nostro Tevere, e le nostre mille fontane.

*Ernesto* Ha ragione, Carla. Ma dove sono le navi? A Roma ci sono
i vostri gatti, gli stranieri, e basta...No! C'è un'altra cosa:
a Roma fanno un buon caffè.

*Barista* Grazie, signore.

*Ernesto* Carla, prende una sambuca? Fa bene dopo una cena così.
Io prendo una grappa.

*Barista* Va bene, signore.

*Carla* Beviamo alla salute dei livornesi!

*Ernesto* Benissimo. Ai livornesi, e ai romani! Salute!

*Carla* Salute!

*Barista* Fate una passeggiata? Andate a Piazza Navona. È a due
passi, sapete.

*Carla* Sì, sì, andiamo a Piazza Navona, Ernesto.

*Barista* Arrivederci, signori. Tornate al mio bar. Così bevete un
altro buon caffè.

*Ernesto* Certo.

*Carla* Arrivederci.

*Barista* Arrivederci, signori. A presto! E buona passeggiata!

| I Prende un caffè? | Grazie, ma non bevo caffè |
|---|---|
| 1 Prende una birra? | ............................................. |
| 2 Prende una sambuca? | ............................................. |
| 3 Prende un tè? | ............................................. |

Prendete un vino?                    Grazie, ma non beviamo vino

4 Prendete una grappa?               ....................................................
5 Prendete un cognac?                ....................................................

non...niente

II Lui fa molte cose                 Ma io non faccio niente

1 Il cameriere fa molte cose         Ma il padrone ..........................
2 La commessa fa tante cose          Ma il commesso ........................
3 Il gatto fa cento cose             Ma il cane ...............................
4 Noi facciamo mille cose            Ma loro ...................................
5 I baristi fanno moltissime cose    Ma le cassiere ..........................

III Lo spettacolo comincia alle      No, comincia alle sei
    cinque?

1 Il treno arriva alle sette?        ................................................
2 Lo zio viene alle nove?            ................................................
3 La maestra va a casa all'una?      ................................................
4 Gli amici mangiano a mezzo-
    giorno?                          ................................................
5 Gli stranieri arrivano alle tre?   ................................................

IV Andiamo al bar dello Sport?       Sì, andiamo al bar dello Sport

1 Andiamo al cinema?                 ................................................
2 Andiamo alla trattoria?            ................................................
3 Facciamo una passeggiata?          ................................................
4 Prendiamo una grappa?              ................................................
5 Prendiamo il treno?                ................................................
6 Beviamo ai livornesi?              ................................................
7 Beviamo agli inglesi?              ................................................
8 Beviamo alle donne?                ................................................
9 Beviamo alla prossima lezione?     ................................................

V Vado in Italia                     Anche lui va in Italia

1 Andiamo in Sicilia                 Anche loro .............................
2 Andate a Palermo                   Anche noi ..............................
3 Vanno a Messina                    Anche loro .............................
4 Va in Sardegna                     Anch'io ................................
5 Vado a Cagliari                    Anche lei ..............................

55

VI Non so l'italiano        Ma voi lo sapete

1 Non sa il tedesco         Ma noi ....................................
2 Non sappiamo il francese    Ma lei.....................................
3 Non sapete il russo        Ma loro ..................................
4 Non sanno il cinese        Ma io ..................................
5 Non sapete il latino       Ma Don Luigi ...........................

VII Questo è il suo caffè?     No, non è il mio caffè

1 Questa è la sua sambuca?    ...............................................
2 Questo è il suo cane?      ...............................................
3 Questi sono i suoi amici?    ...............................................
4 Queste sono le sue patatine? ...............................................

VIII Questo è il mio cappuccino? No, mi dispiace, questo è il mio cappuccino

1 Questa è la mia birra?     ...............................................
2 Questi sono i miei spaghetti? ...............................................
3 Queste sono le mie lasagne?  ...............................................

## Notes

| | |
|---|---|
| lo scontrino | receipt, ticket (in most Italian bars you pay first at the cash desk and then give your receipt to the barman at the counter, *al banco*. It is cheaper and customary in Italy to drink coffee standing at the counter. At tables there is a service charge) |
| qualcosa | something |
| sono le dieci e qualcosa | it's after ten |
| che sciocco! | how silly of me! |
| non importa | it doesn't matter |
| a Livorno non c'è niente | there's nothing in Livorno (*non...niente* = nothing) |
| basta | that's all; that's enough |
| una sambuca | *sambuca* (an aniseed liqueur commonly drunk after a good meal) |
| fa bene | it's good for you |
| una grappa | *grappa* (a very strong spirit made from grape pulp) |
| è a due passi | it's very near (lit: it's two steps away) |
| a presto! | see you soon! |

## Second Conjugation Verbs

All regular verbs ending in -ere follow the pattern of *prendere*:

| | |
|---|---|
| (io) | prend-o |
| (Lei, lui, lei) | prend-e |
| (noi) | prend-iamo |
| (voi) | prend-ete |
| (loro) | prend-ono |

Example: *vedere:*

vedo   vede   vediamo   vedete   vedono

Here are three irregular verbs; two of the 2nd conjugation (*volere*, to want, and *sapere*, to know), and one of the 1st conjugation (*fare*, to do, to make):

| *volere* | *sapere* | *fare* |
|---|---|---|
| voglio | so | faccio |
| vuole | sa | fa |
| vogliamo | sappiamo | facciamo |
| volete | sapete | fate |
| vogliono | sanno | fanno |

Expressions with *fare*:

| | |
|---|---|
| *che tempo fa?* | what's the weather like? |
| *fa bel tempo* | it's lovely weather |
| *fa caldo* | it's warm |
| *fa freddo* | it's cold |
| *fa fresco* | it's chilly |
| *fate attenzione!* | be careful! watch out! |
| *fare una passeggiata* | to go for a walk |
| *fare presto* | to be quick |
| *fare tardi* | to be late |
| *fa bene* | it does you good |
| *il sole fa bene* | sun is good for you |

## *A* and *da* with the definite article (plural).

| | | | |
|---|---|---|---|
| a + i = ai | | da + i = dai | |
| a + gli = agli | | da + gli = dagli | |
| a + le = alle | | da + le = dalle | |

## The Possessives

| Singular | | | | | |
|---|---|---|---|---|---|
| Masc. | *il mio* | *il suo* | *il nostro* | *il vostro* | *il loro* |
| Fem. | *la mia* | *la sua* | *la nostra* | *la vostra* | *la loro* |
| Plural | | | | | |
| Masc. | *i miei* | *i suoi* | *i nostri* | *i vostri* | *i loro* |
| Fem. | *le mie* | *le sue* | *le nostre* | *le vostre* | *le loro* |
| | my | your | our | your | their |
| | | his, her | | (plur.) | |

The possessives are adjectives and are normally used with the article. They always agree with the thing possessed, never with the possessor. But note that *loro* is invariable.

| | |
|---|---|
| *il mio grammofono* | my gramophone |
| *la mia città* | my town |
| *il suo cane* | his (her, your) dog |
| *la sua bicicletta* | his (her, your) bicycle |
| *le nostre macchine* | our cars |
| *il vostro amico* | your (plur.) friend |
| *la loro casa* | their house |

## Plural of nouns

Nouns which have a written accent on the last vowel never change in the plural:

| | |
|---|---|
| il caffè | i caffè |
| la città | le città |

*Barista*

Many nouns end in *-ista* and can be either masculine or feminine:

il pianista   la pianista

In the plural *il pianista* becomes *i pianisti* and *la pianista* becomes *le pianiste*.

*Il giornalista Paolo Bianchi è al telefono*
The journalist Paolo Bianchi is on the 'phone
*La giornalista Rosanna Bianchi è al telefono*
The journalist Rosanna Bianchi is on the 'phone

| | |
|---|---|
| *A che ora..?* | *Alle quattro* |
| At what time...? | At 4 o'clock |
| *Alle due* | *All'una* |
| At 2 o'clock | At 1 o'clock |

# 11ª lezione  *Strade di notte*

*Ernesto* Quant'è bello passeggiare nelle strade di notte! Niente macchine, niente rumori. Che silenzio!

*Carla* Adoro il silenzio della notte. Non c'è nessuno. Che calma!

*Ernesto* Non c'è un cane. Accidenti! Non ho sigarette! E neanche fiammiferi.

*Carla* Ho dei cerini nella mia borsa.

*Ernesto* C'è un tabaccaio aperto a quest'ora?

*Carla* C'è un tabaccaio all'angolo, credo. Già!...è chiuso. Alle otto e mezzo chiude.

*Ernesto* Non importa. Non fa niente. C'è una macchina automatica.

*Carla* Che fortuna!

*Ernesto* Trecento lire, vero?

*        *        *

(*Ernesto accende una sigaretta*)

Ah bene! Non posso vivere senza le mie care sigarette.

Ma Carla, Lei non fuma mai?

*Carla* No, non fumo mai. Ma Lei fuma molto, vero?

*Ernesto* Sì, fumo molto, anzi fumo come un turco. Sa chi fuma più di un turco?

*Carla* Sì, sì! Due turchi!

*Ernesto* Vede quel vicolo? C'è soltanto un vecchio lampione.

*Carla* Possiamo prendere quel vicolo, e così arriviamo al fiume.

*Ernesto* Lei conosce bene Roma.

*Carla* Certo la conosco bene, sono romana. Conosco bene la mia città...Ecco il Tevere.

*Ernesto* Ma io conosco questo ponte.

*Carla* Certo. Il suo albergo è a due passi. Che ore sono?

*Ernesto* È quasi mezzanotte, credo. (*Guarda il suo orologio*). È mezzanotte meno dieci.

*Carla* Allora torno a casa, Ernesto. Fa fresco, e sono stanchissima.

*Ernesto* Anch'io sono stanco e sento un mal di stomaco. La mia digestione è cattiva, anzi cattivissima.

*Carla* 'Da Gianni' si mangia benissimo, ma troppo.

*Ernesto* È vero. La mia digestione – ahi, ahi! – è cattivissima.

*Carla* Sa che cosa, Ernesto? Con una bella dormita tutto passa.

*Ernesto* Magari! Speriamo...

*Carla* Domani mattina può dormire fino a tardi, se prende il treno delle 2 e 10. Ecco un taxi! Posso tornare a casa in taxi. Buona notte, Ernesto, e grazie di tutto.

*Ernesto* Buona notte, Carla – a domani.

*Carla* Buona fortuna per la sua digestione, Ernesto. Sogni d'oro!


I Non ho neanche un soldo          Ma io ho dei soldi

1 Non ho neanche una sigaretta ...........................................
2 Non ho neanche un fiammifero ...........................................
3 Non ho neanche una cravatta ...........................................
4 Non ho neanche un francobollo ...........................................


II Sentite la radio la sera?          No, non sentiamo mai la radio la sera

1 Sentite la musica la sera? ...........................................
2 Guardate la televisione la sera? ...........................................
3 Andate al cinema la sera? ...........................................
4 Fate una passeggiata la sera? ...........................................
5 Bevete il whisky la sera? ...........................................


III A che ora arriva il treno?     (8.45) Il treno arriva alle nove meno
                                           un quarto

1 A che ora arriva il treno? (2.15) ...........................
2 A che ora arriva il treno? (1.00) ...........................
3 A che ora arriva il treno? (11.30) ...........................


IV Possiamo prendere quel vicolo, e così arriviamo al fiume

1 ............................... e così arriviamo al cinema
2 Possiamo prendere quella strada ...........................................
3 ............................... e così arriviamo alla stazione
4 Possiamo prendere quella via ...........................................
5 ............................... e così arriviamo all'albergo


V Prendiamo il treno delle         No, prendiamo quello delle sei
  cinque?

1 Prendiamo il treno delle sette? ...........................................
2 Prendiamo il treno delle nove? ...........................................
3 Prendiamo il treno delle sei? ...........................................
4 Prendiamo il treno delle quattro? ...........................................

VI  Non vede niente?                          No, non vedo niente

1 Non compra niente?                          .........................................
2 Non beve niente?                            .........................................
3 Non conosce nessuno a Roma?                 .........................................
4 Non vede nessuno?                           .........................................
5 Non fuma mai?                               .........................................
6 Non dorme mai?                              .........................................

VII  Può venire alle due?                     È presto, posso venire alle tre?

1 Può telefonare alle cinque?                 .........................................
2 Può passare da me alle sette?               .........................................
3 Può andare alle otto?                       .........................................
4 Potete venire alle tre?                     .........................................
5 Potete tornare a mezzanotte?                .........................................

VIII  Conosce Roma?                           Sì, la conosco benissimo

1 Conosce Don Luigi?                          .........................................
2 Conosce questa strada?                      .........................................
3 Conoscete la Piazza della
   Signoria a Firenze?                        .........................................
4 Conoscete la basilica di
   San Pietro?                                .........................................
5 Conoscete il Ponte Vecchio a
   Firenze?                                   .........................................

IX  Conosce l'albergo 'Rossini'?              Sì, lo conosco
    Sa l'indirizzo dell'albergo?              Sì, lo so

1 Sa il numero di telefono
   dell'albergo?                              .........................................
2 Conosce il padrone?                         .........................................
3 Conosce la moglie del padrone?              .........................................

## Notes

| | |
|---|---|
| di notte | at night; by night (*Venezia di notte:* Venice by night) |
| fiammiferi | matches (wooden) |
| cerini | matches (wax) |
| non c'è un cane | English equivalent: there's not a soul to be seen |
| non fa niente | it doesn't matter |

vero?  (here: don't you?) isn't that true? isn't that so?

fumo come un turco  I smoke like a chimney (lit: like a Turk)
anzi  in fact; on the contrary; to tell the truth
sa che cosa?  do you know what?
magari  I wish it were true! (also: perhaps)
speriamo  let's hope so
fino a tardi  until late
fino al ponte  as far as the bridge
grazie di tutto  thanks for everything
sogni d'oro!  sweet dreams!

Italian has two verbs meaning 'to know':

---

*sapere* means to know a fact

---

*Sa dov'è l'albergo?*  Do you know where the hotel is?
*Sì, lo so*  Yes, I do
*Sa l'indirizzo di Carla?*  Do you know Carla's address?
*Sì, lo so*  Yes, I do

---

*conoscere* means to know a person or a place

---

*Conosce il Papa?*  Do you know the Pope?
*Conoscete la Regina?*  Do you know the Queen?
*Non conosco Livorno*  I don't know Livorno
*Conoscete Roma?*  Do you know Rome?

---

*non..niente:* nothing
*non..nessuno:* no-one
*non..mai:* never

---

*Non voglio niente*  I want nothing; I don't want anything
*Non conosco nessuno qui*  I know no-one here, I don't know anyone here
*Non fumo mai*  I never smoke

An irregular *-ere* verb: *potere*, to be able to:

> posso
> può
> possiamo
> potete
> possono

Note how *potere* is used with the infinitive:

*Possiamo prendere quel vicolo*    We can take that lane
*Posso tornare a casa in taxi*    I can go home by taxi
*Non può venire domani*    He can't come tomorrow

## Third Conjugation Verbs

|  | *dormire* |
|---|---|
| (io) | dorm-o |
| (Lei, lui, lei) | dorm-e |
| (noi) | dorm-iamo |
| (voi) | dorm-ite |
| (loro) | dorm-ono |

Regular verbs in *-ire* follow the pattern of either *dormire*, or *capire* (see next lesson).
Note that verbs like *dormire* follow the pattern of the second conjugation (*-ere*) except in the *voi* form: prend*ete*, but: dorm*ite*

> *Chi dorme non piglia pesci!*
> The early bird catches the worm!
> (lit: he who sleeps doesn't catch fish)

*Sentire* (a regular *-ire* verb, like *dormire*)has many meanings:

(to hear)    *Sente la musica? No, non sento niente*
        Can you hear the music? No, I can't hear anything

(to smell)    *Sentite che buon odore? È un profumo di lavanda*
        Can you smell that nice smell? It's lavender

(to taste)    *Sentiamo com'è questa pastasciutta!*
        Let's taste this *pastasciutta* to see what it's like!

(to feel)    *Sento un mal di stomaco*
        I've stomach ache

(to listen to)  *Sento la radio*
        I'm listening to the radio

## *Di* and *in* with the definite article:

| | |
|---|---|
| di +il = del | di +i  = dei |
| di +la = della | di +le = delle |
| di +l' = dell' | di +gli = degli |
| di +lo = dello | |

| | |
|---|---|
| in +il = nel | in +i  = nei |
| in +la = nella | in +le = nelle |
| in +l' = nell' | in +gli = negli |
| in +lo = nello | |

*Di* with the definite article is also used to express 'some':
    *Ho dei cerini*
    I've got some matches
    *Ho delle sigarette turche*
    I've got some Turkish cigarettes

## The time

| | | |
|---|---|---|
| *Che ore sono?* | or | *Che ora è?* |
| | What time is it? | |

2.00 *sono le due*
2.15 *sono le due e un quarto*
2.30 *sono le due e mezzo*
2.45 *sono le tre meno un quarto*
3.00 *sono le tre*

You must use the plural form (*sono le...*) because *ore* (hours) is understood.
But:

| | |
|---|---|
| *È mezzogiorno* | It's twelve o'clock, mid-day |
| *È mezzanotte* | It's midnight |
| *È l'una* | It's one o'clock |
| | |
| *Sono le sei della mattina* | It's six o'clock in the morning |
| *Sono le tre del pomeriggio* | It's three o'clock in the afternoon |
| *Sono le otto della sera* | It's eight o'clock in the evening |

| | |
|---|---|
| *Va bene il suo orologio?* | Does your watch go well? |
| *Sì, va benissimo. E il suo?* | Yes, it goes very well. And yours? |
| *Il mio non va bene. Un giorno va avanti, un giorno va indietro* | No, mine doesn't go well. One day it's fast, another day it's slow |
| | |
| *A che ora arriva il treno?* | What time does the train arrive? |
| *Arriva alle sei e un quarto* | It arrives at a quarter past six |
| *Arriva a mezzanotte* | It arrives at midnight |
| *Arriva all'una* | It arrives at one o'clock |

| | |
|---|---|
| 11 undici | 16 sedici |
| 12 dodici | 17 diciassette |
| 13 tredici | 18 diciotto |
| 14 quattordici | 19 diciannove |
| 15 quindici | 20 venti |

| | |
|---|---|
| 30 | trenta |
| 40 | quaranta |
| 50 | cinquanta |
| 60 | sessanta |
| 70 | settanta |
| 80 | ottanta |
| 90 | novanta |

Combinations of numbers are formed as in English:

36 *trentasei*   57 *cinquantasette*   99 *novantanove*

The tens drop their final vowel before *uno* and *otto*:

*ventuno ventotto*

# 12ª lezione   *L'incubo di Ernesto*

### Uno scioglilingua

Apelle,
  figlio d'Apollo,
fece una palla di pelle di pollo;
  tutti i pesci vennero a galla
per vedere la palla di pelle di pollo
  fatta da Apelle,
figlio d'Apollo.

### L'incubo di Ernesto

Ernesto è a letto. Dorme e sogna...

*Ernesto* Aiuto, aiuto! Dove sono? (*Sente rumori*) Chi è?

*Carla* Sono Carla. Siamo nel coccodrillo.

*Ernesto* Non capisco.

*Carla* Sono qui.

*Ernesto* Dove? (Mamma mia, è così buio). Dove? Non vedo niente.

*Carla* Sono qui. Verso la coda. Dove finisce.

*Il Coccodrillo* Non digerisco. Non capisco...

*Ernesto* Che voce! Carla, chi è?

*Carla* È il coccodrillo. È Gianni.

*Ernesto* Gianni!

*Carla* Andiamo.

*Ernesto* Non posso.

*Carla* Andiamo.

*Ernesto* Non possiamo.

*Carla* Piano! PIANO!

*Ernesto* Piano!

*Carla* Chi va piano va sano...

*Ernesto* e va lontano

*Carla* e va lontano

*Ernesto* Andiamo...

*Carla* Andiamo...

\*   \*   \*

*Il Coccodrillo* Ahi, ahi!...(Strano, stranissimo. Non digerisco. Non capisco. Ingerisco due persone...è solo uno spuntino. Strano. Ahi, ahi! Oi, oi! Non capisco. Non digerisco...)

*Carla* Andiamo.

*Ernesto* Vengo.

*Il Coccodrillo* Venite! Ahi, ahi! Venite! Verso la bocca, capite? Venite! Venite presto!

*Ernesto* Vengo.

*Carla* Veniamo.

*Ernesto* Veniamo. Corriamo...     (*Corrono verso la bocca*)

*Ernesto* Ma la bocca è chiusa.

*Carla* È chiusa.

*Ernesto* Perchè non l'apre?

*Il Coccodrillo* Non la posso aprire. Non è la bocca. È la lingua. La lingua è bloccata. Non capiscono. La lingua è BLOCCATA! Non capite? Non sentite?

*Ernesto* Carla, ho un'idea.

*Carla* Che cos'è?

*Ernesto* Diciamo lo scioglilingua!

*Carla* Sì, diciamo lo scioglilingua! Lo dico io.

*Ernesto* No, lo dico io!

*Il Coccodrillo* Oh dite! Dite insieme. Garantisco la libertà. Ahi, ahi! Non digerisco. PRESTO!

*Ernesto* Apelle, figlio d'Apollo, fece una palla di pelle di pollo;

*Carla* tutti i pesci vennero a galla per vedere la palla di pelle di pollo fatta da Apelle, figlio d'Apollo.

*Il Coccodrillo* Più veloce! (*Ernesto e Carla ripetono lo scioglilingua a una velocità incredibile*)

*Ernesto* La bocca è aperta!

*Carla* Corriamo!

*Ernesto* Andiamo, corriamo!

I Non capisco lo scioglilingua     Perchè non lo capisce?

1 Non dico lo scioglilingua     ........................................
2 Non finisco il vino     ........................................
3 Non finiamo la pastasciutta     ........................................
4 Non capiamo la musica     ........................................

II Non capiscono lo scioglilingua     Non capiscono lo scioglilingua, vero?

1 Sogna un incubo     ........................................
2 Non capisce niente     ........................................
3 Sente la voce di Carla     ........................................
4 Sentono uno strano rumore     ........................................
5 Il coccodrillo non digerisce     ........................................
6 Dicono lo scioglilingua     ........................................
7 L'incubo finisce bene     ........................................

III Dico lo scioglilingua?       No, lo dico io

1 Faccio il tè? ...............................................
2 Apro la finestra? ...............................................
3 Chiudo la porta? ...............................................
4 Ordino un'altra bottiglia? ...............................................
5 Ordino il vino? ...............................................
6 Finisco la bottiglia? ...............................................

IV Perchè non compra la       Non la posso comprare. È carissima
   cravatta?  Non è cara

1 Perchè non compra la borsa?
  Non è brutta ...............................................
2 Perchè non compra la mac-
  china? Non è vecchia ...............................................
3 Perchè non dice lo scioglilingua?
  Non è lungo ...............................................
4 Perchè non parla italiano?
  Non è difficile ...............................................
5 Perchè non beve questo caffè?
  Non è forte ...............................................
6 Perchè non mangia il mine-
  strone? Non è cattivo ...............................................

V Viene al cinema domani?       No, peccato, non posso venire al
                                cinema domani

1 Mangia 'da Gianni' stasera? ...............................................
2 Torna la prossima settimana? ...............................................
3 Va dal parrucchiere domani? ...............................................
4 Telefona a mezzanotte? ...............................................

## Notes

| | |
|---|---|
| uno scioglilingua | a tongue twister (lit: a tongue loosener. Note that it's masculine even though it ends in -*a*) |
| a letto | in bed |
| aiuto! | help! |
| chi è? | who is it? |
| piano! | quiet! (also: slowly) |

*Chi va piano, va sano e va lontano* (*proverbio*)
(Lit.) He who goes slowly, goes safely and goes far

## Third Conjugation verbs

Regular -*ire* verbs fall into two groups; one group is like *dormire,* and the other group is like *capire:*

| | |
|---|---|
| dorm-o | cap-isco |
| dorm-e | cap-isce |
| dorm-iamo | cap-iamo |
| dorm-ite | cap-ite |
| dorm-ono | cap-iscono |

Here is a list of -*ire* verbs used in this lesson:

| Like *dormire:* | Like *capire:* |
|---|---|
| *sentire* | *finire* |
| *aprire* | *digerire* |
| | *ingerire* |
| | *garantire* |

Verbs following the pattern of *capire* are indicated in the glossary
Two -*ire* verbs which are irregular:

| *venire* | *dire* |
|---|---|
| vengo | dico |
| viene | dice |
| veniamo | diciamo |
| venite | dite |
| vengono | dicono |

## Object Pronouns

The object pronouns *lo* and *la* often drop their vowel before another vowel: *Perchè non l'apre?*

## Nouns:

Nouns which end in -*à* are always feminine:

la libertà
la velocità
la città

69

# 13ᵃ lezione   *Diamoci del tu!*

Oggi Ernesto deve tornare a Livorno. Viaggia in treno. Ernesto e Carla sono alla stazione Termini di Roma. Purtroppo c'è una lunga fila di italiani e stranieri alla biglietteria. I nostri amici sono gli ultimi della fila.

Carla  Ernesto, perchè fa la fila? Lei può fare il biglietto a un'agenzia di viaggi.

Ernesto  Ma Carla, diamoci del tu!

Carla  Sì, Ernesto, diamoci del tu. Basta col Lei. Siamo vecchi amici.

Ernesto  Ma certo.

Carla  Allora: perchè fai la coda? Puoi fare il biglietto a un'agenzia di viaggi.

Ernesto  Ma c'è un'agenzia qui nella stazione?

Carla  Penso di sì. Eccola, vicino all'ufficio postale.

Ernesto  Benissimo. Così posso imbucare le nostre cartoline a mamma, e passiamo anche dal giornalaio. Voglio un giornale sportivo.

Carla  Oh, ecco un negozio di ricordi. Vuoi un ricordo di Roma?

Ernesto  Carla, tu sei molto gentile, ma non c'è tempo. Sai, ho già un ricordo di Roma: l'incubo di ieri notte.

Carla  Che incubo?

Ernesto  Un incubo orribile. Noi due prigionieri nella pancia di un coccodrillo.

Carla  Ma davvero!? Che brutto ricordo!

Ernesto  Ma ho anche dei bellissimi ricordi di Roma, e per fortuna il coccodrillo non c'è piu.

\* \* \*

Carla  Facciamo presto!

Ernesto  Un attimo Carla, qui possiamo giocare al totocalcio. Gioco ogni settimana, sai.

Carla  Vieni, Ernesto. Il treno parte. Devi fare presto.

Ernesto  Giochiamo insieme? Porta fortuna.

Carla  Ma devi partire! E io non gioco mai. Non ho mai fortuna, capisci.

Ernesto  Non hai mai fortuna? Tu non vinci perchè non giochi.

Carla  Allora giochiamo. E magari vinciamo.

Ernesto  E se vinciamo...facciamo il giro d'Italia.

Carla  Che idea simpatica. Ma facciamo presto! Perdi il treno!

> *Ernesto* Perbacco, hai ragione! Sono già le due e otto minuti. Parte fra due minuti. Devo correre. Non c'è più tempo. Cosa faccio?
>
> *Carla* Devi comprare il biglietto in treno.
>
> *Ernesto* Bene, bene. Ciao, Carla. In gamba!
>
> *Carla* Ciao, Ernesto. Buon viaggio! Gioco io al totocalcio, e magari vinco.
>
> *Ernesto* Speriamo di sì.
>
> *Carla* Corri, corri!
>
> *Ernesto* Ciao, ciao!

*È in partenza dal terzo binario treno rapido Roma—Torino. Il treno ferma a Livorno, La Spezia, Genova.*

I Come sta?  Ma diamoci del tu!  Come stai?

1 Perchè fa la fila? ...............................................
2 Perchè compra il biglietto qui? ...............................................
3 Viaggia in treno? ...............................................
4 Vuole un ricordo di Roma? ...............................................
5 Lei è molto gentile ...............................................
6 Viene dal giornalaio? ...............................................
7 Va dal tabaccaio? ...............................................
8 Ha fame? ...............................................
9 È in ritardo? ...............................................

II Vado alla stazione  Ma perchè deve andare alla stazione?

1 Parto oggi ...............................................
2 Viaggio in treno ...............................................
3 Faccio la fila ...............................................
4 Vado a Roma ...............................................
5 Vado dal dottore ...............................................
6 Fumo troppo ...............................................

III Devo fare il biglietto subito  Allora lo può fare qui

1 Devo comprare il giornale subito ...............................................
2 Devo imbucare la cartolina subito ...............................................
3 Devo prendere il taxi subito ...............................................
4 Devo pagare il conto subito ...............................................

IV Dobbiamo mangiare          Purtroppo non potete mangiare qui

1 Dobbiamo dormire          ................................................
2 Dobbiamo telefonare          ................................................
3 Dobbiamo fumare          ................................................


V Piove?          Spero di no
  C'è il sole?          Spero di sì

1 Fa freddo in Italia?          ................................................
2 Fa bel tempo a Firenze?          ................................................
3 Fa brutto tempo·a Roma?          ................................................
4 Lei paga tutto?          ................................................

  Arrivate in tempo?          Speriamo di sì
  Perdiamo il treno?          Speriamo di no

5 Tornate presto?          ................................................
6 Dobbiamo fare la fila?          ................................................
7 C'è un'agenzia di viaggi nella          ................................................
   stazione?
8 Costa molto?          ................................................
9 Possiamo giocare al totocalcio          ................................................
   qui?
10 Magari vinciamo          ................................................


VI C'è un negozio di ricordi?          Penso di sì

1 C'è un giornalaio in questa via?          ................................................
2 C'è un tabaccaio all'angolo?          ................................................
3 C'è una buona trattoria vicino?          ................................................

  Posso comprare un francobollo
   qui?          Credo di no

4 Posso imbucare la cartolina qui?................................................
5 Lei è libero stasera?          ................................................
6 Si mangia bene alla stazione?          ................................................


VII Se non può venire non          Va bene, magari vengo un altro
   importa          giorno
  Se non lo può comprare non          Va bene, magari lo compro un altro
   importa          giorno

1 Se non lo può finire non importa          ................................................

2 Se non lo può fare non importa ...............................................

3 Se non lo può prendere non importa ...............................................

4 Se non lo può guardare non importa ...............................................

5 Se non lo può pagare non importa ...............................................

6 Se non lo può portare non importa ...............................................

7 Se non può tornare non importa ...............................................

8 Se non può andare non importa ...............................................

## Notes

| | |
|---|---|
| diamoci del tu! | let's use *tu* to each other |
| fare la fila (la coda) | to queue |
| fare il biglietto | to buy a ticket |
| basta col Lei | that's enough of *Lei* |
| ricordo | memory; souvenir |
| per fortuna il coccodrillo non c'è più | fortunately the crocodile is no more |
| non c'è più tempo | there's no more time |
| mi dispiace, non ci sono più gli spaghetti | I'm sorry, there's no more spaghetti left. |
| giocare al totocalcio | to do the pools |
| magari vinciamo | perhaps we'll win |
| perbacco! | good heavens! |
| in gamba! | English equivalent: keep well! |
| buon viaggio! | have a good journey |

| | | | |
|---|---|---|---|
| *tu* | *Lei* | *voi* | you |

**Singular:**

*tu* is only used between relatives, good friends or with children. *Lei* is the formal mode of address and is used in all other cases

**Plural:**

*voi* is used when addressing more than one person
Warning: Note that *loro* with the 3rd person plural of the verb can also be used when addressing more than one person, i.e. it is a plural form of *Lei*. It is extremely formal however, and you will not really need to use it since *voi* is correct at all times.

The *tu* form of regular verbs always ends in *-i*:

| *parlare* | *prendere* | *dormire* | *capire* |
|---|---|---|---|
| (tu) parli | (tu) prendi | (tu) dormi | (tu) capisci |

The *tu* form of irregular verbs can be found in the summary of verbs at the end of the book. Here are those used in this lesson:

| *essere* | *avere* | *volere* | *andare* | *fare* |
|---|---|---|---|---|
| (tu) sei | (tu) hai | (tu) vuoi | (tu) vai | (tu) fai |
| | *sapere* | *potere* | *venire* | |
| | (tu) sai | (tu) puoi | (tu) vieni | |

Note *giocare*, to play, and *pagare*, to pay:

| | |
|---|---|
| gioco | pago |
| gio**ch**i | pa**gh**i |
| gioca | paga |
| gio**ch**iamo | pa**gh**iamo |
| giocate | pagate |
| giocano | pagano |

The 'h' is inserted before *i* to preserve the hard sound of the infinitive.

An irregular *-ere* verb: *dovere*, to have to:

> devo
> devi
> deve
> dobbiamo
> dovete
> devono

---

*Spero di sì*: I hope so      *Spero di no*: I hope not

*Speriamo di sì*: Let's hope so      *Speriamo di no*: Let's hope not

*Penso*
*Credo* } *di sì*: I think so      *Penso*
*Credo* } *di no*: I don't think so

---

Examples of soft and hard 'g':

| | |
|---|---|
| Reggio | Gorizia |
| Perugia | Alghero |
| Foggia | Ragusa |
| Genova | Bergamo |

Agrigento

# 14ª lezione *Alla sfilata di moda*

Siamo a una sfilata di moda. Carla e la sua amica Marisa hanno due posti nella seconda fila...

*Presentatore* Gentili signore, buona sera. Presentiamo la nostra collezione per la prossima stagione: ESTATE SETTANTA. Ecco il nostro primo abito, un bellissimo modello di seta cruda.

*Carla* Che bell'azzurro! Che bel colore!

*Marisa* Ma quella borsa di paglia è brutta. Non va con quel vestito; è un blù troppo scuro, è quasi nero.

*Presentatore* Gentilissime signore, ora presentiamo un vestito per 'la mattina in città'. Questo giallo chiaro è perfetto per il sole di giugno. È una creazione per le signore giovani. Il cappello, i guanti, la borsa, le calze, i sandali sono tutti in perfetta armonia. Il vestito non è nè corto nè lungo.

*Marisa* È di cotone, vero?

*Carla* Sì, e che giallo vivace! Originalissimo!

*Presentatore* Ed ecco, signore, un modello affascinante per voi...

*Carla* Ah! Preferisco questo. È più bello. La linea è più semplice.

*Marisa* Ma quell'indossatrice è così magra, poverina.

*Carla* La sua pettinatura è di cattivo gusto.

*Marisa* È una parrucca bionda, cara.

*Presentatore* Ed ecco, signore, per le vostre vacanze al mare, i nostri costumi da bagno.

\*   \*   \*

*Presentatore* Ecco, ora, i nostri abiti da sera.

*Marisa* Il primo è meno bello. È troppo scollato. Quello di pizzo è elegantissimo, non credi?

*Carla* Vedi, Marisa, quelle scarpe sono d'argento! Quanto sono carine!

*Marisa* Carla, sono già in ritardo. Devo scappare. Quando vieni da me?

*Carla* Vengo da te quando vuoi, ma vado a Livorno, sai. Ci vado tra una settimana.

*Marisa* Allora, vieni da me prima di partire. Ci vieni? Sei libera martedì pomeriggio?

*Carla* No, preferisco mercoledì o giovedì; poi è meglio la sera.

Marisa Per me va bene giovedì sera. Facciamo due chiacchiere,
mangiamo una pizza e poi magari andiamo al cinema
insieme.

Carla Perfetto. Allora vengo a casa tua verso le otto. Ma se
preferisci vengo prima.

Marisa No, va benissimo alle otto. Ciao, cara.

Carla Ciao.

I Andiamo a casa tua?  Va bene, andiamo da me

1 Andiamo a casa di Ugo? .................................................
2 Andiamo a casa mia? .................................................
3 Andiamo a casa dei signori
Martini? .................................................
4 Andiamo a casa di Concetta? .................................................

II Questo vestito è molto elegante  Ma quelli sono più eleganti

1 Questo cappello è molto
originale .................................................
2 Questa borsa è molto scura .................................................
3 Quest'abito è molto corto .................................................
4 Quest'indossatrice è molto magra .................................................
5 Questa parrucca è molto bionda .................................................
6 Quest'abito da sera è molto
scollato .................................................

III Quant'è carina quella borsa!  La vuole comprare?

1 Quelle scarpe sono belle! .................................................
2 Quanto mi piace quel cappello! .................................................
3 Che guanti eleganti! .................................................
4 Quanto mi piacciono quelle
calze nere! .................................................
5 Che abiti originali! .................................................

IV Vuole andare alla sfilata di  Sì, ci vado volentieri
moda?

Vuole venire dal  Sì, ci vengo volentieri
parrucchiere?

1 Vuole venire dalla sarta? .................................................
2 Vuole andare alla mostra? .................................................
3 Vuole andare al cinema? .................................................

4 Vuole venire a Roma? ........................................

  Volete venire al mare?     Sì, ci veniamo volentieri

5 Volete andare al caffè?   ........................................
6 Volete venire 'da Gianni'? ........................................

V Può venire lunedì?      Per me è meglio martedì

1 Può venire giovedì?      ........................................
2 Può venire domenica?     ........................................
3 Può venire mercoledì?    ........................................
4 Può venire martedì?      ........................................
5 Può venire sabato?       ........................................
6 Può venire sabato sera?  ........................... sera
7 Può venire mercoledì     ........................................
   pomeriggio?
8 Può venire lunedì mattina? ........................................

VI Preferisce un giallo più scuro? No, preferisco un giallo più chiaro

1 Preferisce un rosso più scuro?  ........................................
2 Preferisce un verde più scuro?  ........................................
3 Preferisce un grigio più scuro? ........................................
4 Preferisce un viola più scuro?  ........................................

VII In gennaio fa molto freddo    Anche in febbraio fa molto freddo

1 In novembre piove spesso  ........................................
2 In luglio fa caldo        ........................................
3 In settembre fa fresco    ........................................

## Notes

| | |
|---|---|
| estate settanta | Summer 1970 |
| di seta, di cotone, di pizzo, di paglia | (made of) silk, cotton, lace, straw |
| poverino! (poverina!) | poor thing! |
| di cattivo gusto | in bad taste |
| di buon gusto | in good taste |
| l'ultimo grido della moda | the latest thing in fashion |
| il pizzo | lace |
| la pizza | pizza |
| devo scappare | I must fly! |
| al mare | at the seaside |

77

| | |
|---|---|
| è meglio la sera | the evening's better |
| fare due chiacchiere | to have a chat |

### I COLORI

| | |
|---|---|
| bianco | white |
| grigio | grey |
| marrone | brown |
| rosa* | pink |
| rosso | red |
| arancione | orange |
| giallo | yellow |
| verde | green |
| celeste | sky-blue |
| azzurro | blue |
| blù* | navy-blue |
| viola* | violet |
| nero | black |
| d'argento | silver |
| d'oro | gold, golden |

*invariable

| | |
|---|---|
| chiaro | light |
| scuro | dark |
| vivace | bright |

Va bene questo rosso scuro?

No, preferisco un rosso più chiaro.

Va bene, signora. Ecco un rosso vivace.

Grazie. Ma è troppo vivace, è un rosso pomodoro.

Allora questo vestito rosa?

Ah, questo mi piace. Lo posso provare?

## Object Pronouns

| Plural | |
|---|---|
| masc. | fem. |
| li | le |
| (them) | |

Che guanti originali! Li compro subito.

Che calze d'argento! Le compro per te.

*Ci*

*Ci* means 'there', 'here', 'to there', 'to here', and normally goes before the verb. It always refers to a place already mentioned:

> *Vado a Livorno. Ci vado tra una settimana. Ci viene anche Lei?*
> I'm going to Livorno. I'm going there in a week's time. Are you coming too?
> *No, peccato, non ci posso venire.*
> No, I'm afraid I can't come

As can be seen in the example, it is often not necessary to translate *ci* in English, but it is used very frequently in Italian.

---

**Che giorno è?**

---

*I giorni della settimana:*

lunedì
martedì
mercoledì
giovedì
venerdì
sabato
domenica

*Che giorno è? È martedì*
What day is it? It's Tuesday
*Puoi venire lunedì?*
Can you come on Monday?
*Vado dal parrucchiere ogni giovedì*
I go to the hairdresser's every Thursday
*Passo da te venerdì sera, domenica mattina*
I'll drop in at your house on Friday evening, on Sunday morning

| | |
|---|---|
| *sabato pomeriggio* | Saturday afternoon |
| *questa settimana* | this week |
| *la settimana prossima* <br> *la prossima settimana* | next week |
| *tra due settimane* <br> *tra quindici giorni* | in two weeks' time |

| | |
|---|---|
| *ieri* | yesterday |
| *ieri l'altro* | the day before yesterday |
| *oggi* | today |
| *domani* | tomorrow |
| *dopodomani* | the day after tomorrow |

**Che mese è?**

*I mesi dell'anno:*

gennaio
febbraio
marzo
aprile
maggio
giugno
luglio
agosto
settembre
ottobre
novembre
dicembre

*Che mese è? È febbraio*   What month is it? It's February

Trenta dì conta novembre
con april', giugno e settembre:
di ventotto ce ñ'è uno;
tutti gli altri ne han' trentuno.

Note that days and months are written with a small letter.

**Che anno è?**

*Che anno è? È il settanta (è il millenovecentosettanta)*
What year is it? It's 1970
*Quando vai in Italia? Ci vado nel settantuno*
When are you going to Italy? I'm going (there) in '71

> in primavera
> d'estate
> in autunno
> d'inverno

*Quando vai a Capri? Ci vado in primavera*
When are you going to Capri? I'm going (there) in the Spring

# 15ª lezione  *A pranzo dalla mamma*

*Ernesto* Ciao, mamma. Ciao, zia. Che buon odore sento!

*La Zia* Vieni, Ernesto. Abbiamo già cominciato a mangiare. Vuoi stare capotavola al posto di tuo padre? È ancora dallo zio a Milano, con tua sorella.

*La Mamma* Vieni. Sei un po' in ritardo, sai.

*Ernesto* Ho perduto l'autobus. Ho aspettato mezz'ora alla fermata.

*La Mamma* Ho preparato il tuo pranzo preferito: gnocchi alla romana.

*Ernesto* Giusto! Ho passato due giorni a Roma e non li ho mai mangiati.

*La Zia* Hai mangiato 'da Gianni'?

*Ernesto* Certamente. Ci ho invitato la signorina Carla. Prima abbiamo visitato la mostra, e poi abbiamo cenato 'da Gianni'. Abbiamo mangiato bene, ma troppo. Quella notte ho avuto un incubo orribile. Ho dormito malissimo.

*La Zia* Allora avete bevuto troppo? Anche tuo fratello ha sempre parlato di quel Frascati.

*Ernesto* C'è sempre lo stesso vino, zia. Sono ottimi questi gnocchi, mamma. Ho visto il giardino. I ciliegi hanno cominciato a fiorire. È già primavera.

*La Zia* Hai visto che sala da pranzo? Sembra una galleria d'arte, con tanti dei tuoi quadri.

*Ernesto* Sì, ci stanno bene.

\*    \*    \*

*Ernesto*  Mamma, ho comprato un regalo per te!

*La Mamma*  Quanto sei caro. Che cos'hai comprato?

*Ernesto*  Una bella camicetta. L'ho comprata in Via Veneto.

*La Mamma*  Che bello! Dov'è?

*Ernesto*  Ah!...l'ho dimenticata! Che sciocco!

*La Mamma*  Dove l'hai dimenticata? L'hai lasciata in autobus?

*Ernesto*  No, no, mamma. Allo studio. Ho avuto molta fretta.

*La Mamma*  Ho capito. Sei sempre lo stesso.

*La Zia*  Hai fatto qualche disegno a Roma?

*Ernesto*  Non ho mai avuto tempo. Ho fatto mille cose. Abbiamo fatto spese in centro, abbiamo passeggiato per Roma. A proposito, avete ricevuto le nostre cartoline?

*La Mamma*  Sì, le abbiamo ricevute ieri, grazie. Hai finito gli gnocchi?

*Ernesto*  Grazie, li ho finiti mamma. Che cos'hai preparato per secondo?

*La Mamma*  Ho preparato un bel piatto: pollo alla cacciatora.

*Ernesto*  Quanto hai lavorato, mamma! Ho sognato un pranzo così.

*La Mamma*  E non è tutto. Ho comprato una torta Monte Bianco.

*Ernesto*  Pensi a tutto. E poi?

*La Mamma*  E poi basta. Stasera dormi tranquillo, caro. Stasera niente incubi...

| I Lavora molto | Anche ieri ha lavorato molto |
|---|---|
| 1 Aspetta tanto | ............................................... |
| 2 Mangia dai genitori | ............................................... |
| 3 Fa qualche disegno | ............................................... |
| Telefonano a casa | Anche ieri hanno telefonato a casa |
| 4 Dormono tutto il giorno | ............................................... |
| 5 Invitano il reverendo | ............................................... |
| 6 Mangiano gli gnocchi | ............................................... |

| II Avete bevuto il Frascati? | No, non abbiamo ancora bevuto il Frascati |
|---|---|
| 1 Avete cenato? | ............................................... |
| 2 Avete telefonato? | ............................................... |
| 3 Avete visto il giardino? | ............................................... |
| 4 Avete ricevuto la cartolina? | ............................................... |
| 5 Avete finito il pranzo? | ............................................... |

III Prepara il pollo alla    No, l'ho già preparato.
cacciatora adesso?

1 Compra la camicetta adesso? ....................................
2 Fa il biglietto adesso? ....................................
3 Mangia le lasagne adesso? ....................................
4 Finisce gli gnocchi adesso? ....................................
5 Imbuca le cartoline adesso? ....................................
6 Beve l'aperitivo adesso? ....................................
7 Visita la mostra adesso? ....................................
8 Fa il caffè adesso? ....................................
9 Prepara la torta Monte Bianco
adesso? ....................................

cominciare a...

IV Piove forte?    Sì, adesso comincia a piovere forte.

1 Il ciliegio fiorisce? ....................................
2 Il barista fa il caffè? ....................................
3 La cassiera lavora? ....................................
4 Il bambino corre? ....................................
5 La signora capisce l'italiano? ....................................
6 Il padrone parla inglese? ....................................

V Abbiamo visto la mostra, e poi abbiamo cenato.

1 Abbiamo fatto spese ....................................
2 .................................... e poi abbiamo perduto l'autobus.
3 Ho passeggiato con Carla....................................
4 .................................... e poi ho bevuto un caffè.

| lo stesso | gli stessi |
| la stessa | le stesse |

VI Abbiamo fatto spese in quel    Allora abbiamo fatto spese nello
negozio di Via del Corso    stesso negozio!
Ho comprato il vestito giallo    Allora abbiamo comprato lo stesso
chiaro    vestito

1 Abbiamo visto una mostra di un ....................................
pittore toscano

2 Ho visto tre piccoli cani bianchi ..................... ..........................

3 Ho comprato la borsa di pelle
chiara .............................................

4 Ho mangiato in una trattoria
vicino a Ponte Garibaldi .............................................

5 Abbiamo sentito il programma
'Amici, buona sera!' .............................................

## Notes

| | |
|---|---|
| vuoi stare capotavola? | do you want to sit at the head of the table? |
| gli gnocchi alla romana | small semolina dumplings baked in the oven with *mozzarella* or *parmigiano* cheese. (Note that *lo* and *gli* are used with masculine words beginning with *gn*. There are not many of these in Italian.) |
| parlare di... | to talk about... |
| ci stanno bene | they look very well there |
| in autobus, in centro | (Note that the article is not used) |
| avere fretta | to be in a hurry |
| ho capito, capisco | I see |
| qualche | a few. It's **always** followed by the noun in the singular: *ho comprato qualche panino per il viaggio*). |
| a proposito | by the way |
| fare spese | to go shopping |
| pollo alla cacciatora | Joint a chicken and brown the pieces quickly in a little olive oil and lard. Use a heavy frying pan, the heavier the better. Lower the heat and continue to cook gently for 20 minutes. Add to the chicken a desertspoonful of tomato purée diluted in half a glass of water. Chop up about 10 leaves of rosemary (or half a teaspoon of dried rosemary) and put them in a glass of white wine. Turn the chicken constantly until cooked; add salt and pepper and pour over the wine and rosemary. Cook for a few minutes longer and then serve. You can also add peppers and at the last moment black olives if you wish. |

| ho sognato un pranzo così | I dreamt of a dinner like this. |
|---|---|
| pensi a tutto | you think of everything. (Note also: *che cosa pensi dell'arte moderna?* : what is your opinion of modern art?) |
| una torta Monte Bianco | A chestnut cake topped with a mountain of whipped cream. *Monte Bianco* is Mont Blanc. |

## The Perfect tense (with *avere* and the past participle)

Regular Verbs:

| *parlare* | *vendere* | *capire\** |
|---|---|---|
| ho parlato | ho venduto | ho capito |
| hai parlato | hai venduto | hai capito |
| ha parlato | ha venduto | ha capito |
| abbiamo parlato | abbiamo venduto | abbiamo capito |
| avete parlato | avete venduto | avete capito |
| hanno parlato | hanno venduto | hanno capito |

*Note that in the third conjugation, regular verbs of both types (i.e. *dormire* and *capire*) form their past participles in the same way:

|  |  |
|---|---|
| dormire | dorm - ito |
| preferire | prefer - ito |

There are two irregular past participles in this lesson: *fatto* (from *fare*) and *visto* (from *vedere*) (*veduto* can also be used).

The perfect is obviously not the only past tense in Italian but it is the most common. It can usually translate the English perfect (have bought) and the simple past (bought).

> *Ho comprato la camicetta*
> I have bought the blouse
> *Ieri ho comprato l'ombrello*
> I bought the umbrella yesterday

## Object pronouns

| sing. | plur. |
|---|---|
| m. *lo* | m. *li* |
| f.  *la* | f.  *le* |

| | |
|---|---|
| *Conosce questo giornale?* | *Sì, lo compro spesso* |
| Do you know this newspaper? | Yes, I often buy it |
| *Questa camicetta è bella* | *La compro* |
| This blouse is lovely | I'll buy it |
| *Mangia gli gnocchi?* | *Sì, li mangio spesso* |
| Do you eat *gnocchi?* | Yes, I often eat them |
| *Prepara le lasagne?* | *Sì, le preparo adesso* |
| Are you preparing the *lasagne?* | Yes, I'm preparing them now. |

Notice what happens if we use the past tense:

| | |
|---|---|
| *Conosce questo giornale?* | *Sì, l'ho comprato spesso* |
| | Yes, I've often bought it |
| *Questa camicetta è bella* | *L'ho comprata ieri* |
| | I bought it yesterday |
| *Mangia gli gnocchi?* | *Sì, li ho mangiati spesso* |
| | Yes, I've often eaten them |
| *Ha preparato le lasagne?* | *Sì, le ho preparate* |
| | Yes, I've prepared them |

*Lo* and *la* always drop their vowel before *avere* (and often before other verbs which begin with a vowel).

The past participle must agree with the object pronoun:

Sì, l'ho comprat*o* spesso

L'ho comprat*a* ieri

Sì, li ho mangiat*i*

Sì, le ho preparat*e*

## The Possessives

| | | | |
|---|---|---|---|
| *il tuo* | *la tua* | *i tuoi* | *le tue* |

This is the possessive adjective corresponding to *tu:*

    *Ecco i tuoi libri*        Here are your books

The definite article is normally used with the possessives (cf. **Lesson 10**) except with the names of relatives in the singular:

*Vuoi stare capotavola al posto di tuo padre?*

*È ancora dallo zio a Milano, con tua sorella*

*Anche tuo fratello ha sempre parlato di quel Frascati*

But if the possessive is *loro*, the article is always used, even with the names of relatives in the singular:

*Viaggiano con la loro sorella*

Note that if the meaning is perfectly clear, the possessive can be omitted:

*È ancora dallo zio a Milano*

# 16ª lezione *L'arrivo di Carla*

Stamani Ernesto ha ricevuto una lettera di Carla. Carla ha scritto che arriva verso le due e mezzo. Ernesto è uscito dallo studio alle due ed è andato subito alla stazione. È arrivato proprio alle due e mezzo. Chiede l'orario all'ufficio informazioni.

*Ernesto* Signorina, scusi. A che ora arriva il rapido da Roma?
*La Signorina* Arriva alle 14.28
*Ernesto* Allora è già arrivato! Sono venuto in ritardo.
*La Signorina* No, no. Il treno è in ritardo di tre minuti.
*Ernesto* Meno male. A quale binario arriva?
*La Signorina* Al binario numero tre. Bisogna passare per il sottopassaggio.
*Ernesto* Grazie, signorina.
*La Signorina* Eccolo. Il treno da Roma arriva in questo momento.

\*     \*     \*

*Venditore di Panini* Panini, cestini da viaggio, acqua minerale, aranciata, giornali...
*Ernesto* Ma dov'è Carla? Non è arrivata? Ha perduto il treno... Mamma mia, da quel vagone escono mille valigie!
*Carla* Facchino! Portabagagli! Facchino! Portabagagli!
*Ernesto* Eccola! Ma è proprio lei con tutta quella roba! Carla, benvenuta a Livorno!
*Carla* Ciao, Ernesto.
*Ernesto* Come sei elegante!
*Carla* Grazie, Ernesto. Come stai?
*Ernesto* Bene, grazie. Bisogna chiamare un facchino. Facchino!
*Facchino* Eccomi, signore! Ma quante valigie! Siete soltanto in due?
*Ernesto* No, no. La signorina è arrivata da sola. Ma Carla quante valigie hai portato?
*Carla* Sai, Ernesto: la settimana scorsa sono stata con Marisa a una sfilata di moda. Ho voluto comprare qualche vestito nuovo.
*Ernesto* Tutto questo bagaglio non entra nella mia macchina. (*al facchino*) Può portare qualche valigia al deposito-bagagli?
*Facchino* Certo. Eccolo là, signore.
*Ernesto* Bene. La vediamo davanti all'uscita...Hai fatto buon viaggio, Carla?

*Carla* Sì, tutto è andato bene. Siamo partiti da Roma alle undici. Ho prenotato il posto e sono stata benissimo. Tante persone hanno viaggiato in piedi. Dov'è l'uscita?

*Ernesto* Eccola là. È vicino alla sala d'aspetto. Ho parcheggiato la macchina proprio davanti all'uscita...Eccoci!

I Sono stato al cinema ieri

Anch' io sono stat**o** al cinema ieri
Anch' io sono stat**a** al cinema ieri

1 Sono stata al mare la settimana scorsa .............................................
2 Sono arrivato lunedì .............................................
3 Sono arrivata proprio adesso .............................................
4 Sono venuto in ritardo .............................................
5 Sono uscita alle otto e qualcosa .............................................
6 Sono andato alla stazione stamani.............................................

II Oggi vado dai genitori alle due

Anche ieri sono andat**o** dai genitori alle due
Anche ieri sono andat**a** dai genitori alle due

1 Oggi esco a mezzogiorno .............................................
2 Stasera arrivo alle otto .............................................
3 Stasera vengo a mezzanotte .............................................

Domani partiamo alle sette

Anche ieri siamo partiti alle sette

4 Stasera arriviamo all'ora di cena .............................................
5 Domani usciamo alle cinque .............................................
6 Domani andiamo dalla zia alle quattro .............................................

III Oggi Ugo va 'da Gianni'

Anche la settimana scorsa è andato 'da Gianni'

1 Oggi la signorina dell'ufficio informazioni va al mare .............................................
2 Oggi il venditore di panini non viene al terzo binario .............................................
3 Oggi la posta arriva in ritardo .............................................
4 Oggi i facchini non vengono .............................................
5 Oggi i giornali non escono .............................................

6 Oggi la signora Martini e sua
  sorella sono al mare .................................................
7 Oggi il barista e la cassiera .................................................
  escono insieme .................................................
8 Oggi i genitori di Don Luigi
  vanno a Siena .................................................

IV Dobbiamo passare per il    Sì, bisogna passare per il
    sottopassaggio?          sottopassaggio

1 Dobbiamo prenotare il posto? .................................................
2 Dobbiamo scrivere all'agenzia
  di viaggi? .................................................
3 Dobbiamo comprare dei panini? .................................................
4 Dobbiamo trovare un facchino? .................................................
5 Dobbiamo portare le valigie al
  deposito-bagagli? .................................................

V Finalmente sono arrivato!    Eccomi!

1 Finalmente sei arrivata! .................................................
2 Finalmente il dottore è arrivato! .................................................
3 Finalmente la signora è arrivata! .................................................
4 Finalmente siamo arrivati! .................................................
5 Finalmente siete arrivati! .................................................
6 Finalmente i facchini sono
  arrivati! .................................................

VI Dov'è il binario numero due? Eccolo!

1 Dov'è il nostro facchino? .................................................
2 Dov'è la tua macchina? .................................................
3 Dov'è la mia valigia? .................................................
4 Dove sono le mie sigarette? .................................................
5 Dove sono i nostri biglietti? .................................................
6 Dove sono i vostri panini? .................................................

VII Mi chiama domani?    Sì, la chiamo domani

1 Mi può aspettare alle sette? .................................................
2 Mi può aiutare questo
  pomeriggio? .................................................
3 Mi invita stasera? .................................................
4 Mi porta alla stazione? .................................................

VIII Lei esce alle otto?       No, esco alle nove

1 Uscite alle due? ........................................................

2 I bambini escono a mezzogiorno?.........................................

3 La maestra esce alle cinque? ...........................................

## Notes

| | |
|---|---|
| scritto | (irregular past participle of *scrivere*. It is regular in the present tense) |
| proprio | precisely (*proprio alle due e mezzo*: at 2.30 dead on). |
| è proprio lei | it really is her |
| l'orario | timetable; arrival time or departure time |
| ufficio informazioni | 'Enquiries' |
| essere in ritardo | to be late (*essere in ritardo di tre minuti*: to be three minutes late) |
| meno male | that's lucky |
| passare per...... | to take (of roads, etc) (*bisogna passare per questa strada per andare alla stazione*?: do you have to take this road to go to the station?) |
| panino | an unbuttered roll with a filling of cheese, ham, salami etc. |
| cestino da viaggio | a packed lunch (for travelling) |
| essere in due | to be two people |
| essere in tre | to be three people (*In quanti siete, signori? Siamo in quattro*) |
| da solo (sola) | on one's own |
| fare buon viaggio | to have a good journey |
| sono stato (stata) benis- simo | I was very comfortable (*Come siete stati all'albergo 'Rossini'? Siamo stati benissimo*). |
| in piedi | standing |

Note that, like *vicino*, *davanti* requires *a*:

    *Ho parcheggiato la macchina davanti all'uscita*
    I've parked the car in front of the exit
    *Lascio la valigia qui vicino alla porta*
    I'll leave the case here near the door

**The Perfect Tense** (with *essere* and the past participle)
A few very important verbs require *essere* and not *avere* in the perfect tense.

Most of them are verbs of movement. Here are those used in this lesson:

| | |
|---|---|
| andare | (andato) |
| arrivare | (arrivato) |
| venire | (venuto) |
| partire | (partito) |
| uscire | (uscito) |

---

*andare*

| | |
|---|---|
| sono andato | (andata) |
| sei andato | (andata) |
| è andato | (andata) |
| siamo andati | (andate) |
| siete andati | (andate) |
| sono andati | (andate) |

---

The past participle with *essere* is an adjective and always agrees with the subject:

**Il treno** è arrivat**o**
**Carla** è arrivat**a**
**I giornali** sono arrrivat**i**
**Le valigie** sono arrivat**e**

But remember that the past participle with *avere* always agrees with the object pronoun:

Ha comprato i panini?        Sì, li ho comprati

---

*essere*
*stato*=past participle
*sono stato, stata*

---

Note that *essere* itself requires *essere* in the perfect:
*Ernesto* Sono stato a Firenze ieri
*Carla* Sono stata a Firenze ieri

*Bisogna*

It means 'it is necessary to'. The infinitive is *bisognare*. It has a similar meaning to *dovere* but is impersonal and does not change.

Dobbiamo partire alle 6
Bisogna partire alle 6

*Uscire*

It is irregular in the present tense:

> esco
> esci
> esce
> usciamo
> uscite
> escono

## Object pronouns

| sing. | | plur. | |
|---|---|---|---|
| *mi* | me | *ci* | us |
| *ti* | you | *vi* | you |
| *lo* | him, it | *li* | them (m) |
| *la* | her, it, you | *le* | them (f) |

*Mi hai visto alla stazione?*
Did you see me at the station?
*No, non ti ho visto.*
No, I didn't see you,
*Ci ha visti al cinema?*
Did you see us at the cinema?
*No, non vi abbiamo visti*
No, we didn't see you

Note that *la* is also the object pronoun meaning 'you' (singular) when addressing either a man or a woman:

> *La vedo all'ufficio, dottore*    I'll see you at the office, doctor.

*Ci*:

Do not confuse *ci* meaning 'there', with *ci* meaning 'us';
> *Quando va a Roma? Ci vado domani*
> When are you going to Rome? I'm going there tomorrow
> *Ci aspetta?*
> Will you wait for us?

## Pronouns with prepositions

With prepositions (*con*, *per*, *da* etc) the following pronouns are used:

> *me, te, Lei, lui, lei*
> *noi, voi, loro*

Except for *me* and *te*, they are the same as the subject pronouns:

| | |
|---|---|
| *Non viene con me?* | Aren't you coming with me? |
| *Lo compro per te* | I'm buying it for you |
| *Andiamo da lui!* | Let's go to his house! |

# 17ª lezione  *A Livorno*

Ernesto con la sua macchina porta Carla in giro per Livorno...

*I Quattro Mori*

*Ernesto* Carla, questi sono i Quattro Mori. È un monumento del Seicento. Ti piace?

*Carla* È molto bello. Voglio fare una fotografia. La faccio proprio da qui. Scendo dalla macchina. Mi aspetti?

*Ernesto* No, scendo anch'io e ti accompagno. Qui possiamo parcheggiare. Non c'è divieto di sosta. (*Scendono dalla macchina*). Sai, questo è l'unico monumento di Livorno.

*Carla* Allora, quel barista romano ha ragione: a Livorno non c'è niente!

*Ernesto* Invece, a Livorno ci sono tante belle cose. Prima di tutto i Quattro Mori, poi ci sono i livornesi, e poi il mare e le isole, e poi il cacciucco.

*Carla* Ah, il cacciucco! La specialità livornese, vero?

*Ernesto* Stasera, invece di mangiare a casa, ti porto a mangiare un cacciucco in un ristorante vicino al mare. Livorno è l'unica città d'Italia senza antichità, e per questo mi piace.

*Carla* Sono d'accordo; anche senza antichità è molto simpatica. Mi piace tanto, sai. Tutti i porti sono affascinanti.

*Ernesto* Il rotolino è a colori?

*Carla* No, peccato. È bianco e nero. Ma domani ne voglio comprare uno a colori.

*Ernesto* Bene. Andiamo a vedere il porto...

\* \* \*

*Ernesto* Vedi quante navi e quanti gabbiani! Da qui parte il vaporetto per le isole: Gorgona, Capraia e Elba.

*Carla* Mi piace tanto quella nave bianca.

*Ernesto* Quella nave bianca va ogni giorno in Corsica; e quello è l'aliscafo per l'isola d'Elba.

*Carla* Sei stato all'isola d'Elba?

*Ernesto* Cento volte. Ti piacerebbe andare all'isola d'Elba?

*Carla* Mi piacerebbe molto. Non ci sono mai stata.

*Ernesto* Un momento, Carla; conosco questo pescatore. Come va, Natalino? Ha pescato oggi?

*Natalino* Sì, ho pescato trenta chili di pesce. Le piacerebbe comprare un po' di pesce fresco?

*Ernesto* Certamente. Vorrei le triglie più grosse. Ne prendo un chilo.

*Natalino* Bene, le preparo subito. Le piace la mia barca, signorina? Vuole salire?

*Carla* Sì, grazie. Ma prima mi piacerebbe fare una fotografia.

*Natalino* Prego, signorina.

*Carla* Che peccato! È finito il rotolino.

I Ci sono altri monumenti a Livorno?     No, questo è l'unico monumento di Livorno

1 Ci sono altre uscite in questa stazione? ............................................

2 Ci sono altri giornali a Livorno? ............................................

3 Ci sono altri parrucchieri in questa strada? ............................................

4 Ci sono altre chiese inglesi a Roma? ............................................


II Il mare è lontano da Roma?     No, invece è vicino.

1 Il porto di Livorno è piccolo? ............................................

2 Il tempo è sempre brutto a Livorno? ............................................

3 La chiesa di Don Luigi è moderna? ............................................

4 L'acqua è fredda oggi? ............................................

5 Quest'aperitivo è dolce? ............................................


III Stasera, invece di mangiare a casa, ti porto a mangiare un cacciucco.

1 Domani, invece di fare spese in centro, ............................................

2 ............................................, ti porto a vedere una chiesa del Trecento

3 Oggi, invece di fare il giro delle isole, ............................................

4 ............................................ti porto a vedere qualche antichità etrusca


IV Le piacerebbe fare un giro in macchina?     Sì, mi piacerebbe molto

1 Le piacerebbe vedere Livorno? ............................................

2 Le piacerebbe vedere i Quattro Mori? ............................................

3 Le piacerebbe mangiare il cacciucco? ............................................

4 Le piacerebbe fare una fotografia a colori? ............................................

95

V Mi piace andare in barca      Le piacerebbe andare in barca
stasera?

1 Mi piace visitare le isole      ...............................................
2 Mi piace prendere l'aliscafo      ...............................................
3 Mi piace mangiare le triglie      ...............................................
4 Mi piace pescare      ...............................................


VI Quante triglie vuole?      Ne voglio due

1 Quanti gelati prende?      ...............................................
2 Quante fotografie fa?      ...............................................
3 Quanti biglietti compra?      ...............................................
4 Quanti panini mangia?      ...............................................
5 Quante valigie porta?      ...............................................
6 Quanti facchini vuole?      ...............................................


VII Vuole due chili di pesce?      No, ne vorrei tre, per favore

1 Vuole tre cartoline?      ...............................................
2 Vuole quattro francobolli?      ...............................................
3 Vuole cinque biglietti?      ...............................................
4 Vuole sei bottiglie di vino?      ...............................................


VIII Mi aspetti alla stazione?      Certamente ti aspetto alla stazione

1 Mi accompagni dal dottore?      ...............................................
2 Mi capisci bene?      ...............................................
3 Mi senti bene?      ...............................................

     Ci vedete domani?      Certamente vi vediamo domani

4 Ci aspettate al bar?      ...............................................
5 Ci accompagnate a casa?      ...............................................
6 Ci capite bene?      ...............................................


IX Conosce Don Luigi?      Come no! Lo conosco bene

1 Conosce la signorina?      ...............................................
2 Conosce il pescatore?      ...............................................
3 Conosce i genitori di Ernesto?      ...............................................

Conoscete il padrone     Come no! Lo conosciamo bene
dell'albergo Rossini?
4 Conoscete queste signorine?    ...............................................
5 Conoscete Ugo e Marisa?     ...............................................
6 Conoscete la signora Martini e    ...............................................
la signorina Fanfani?

## Notes

| | |
|---|---|
| portare in giro | to take someone for a drive |
| i Quattro Mori | 'the four Moors': symbolizing the Grand Duke of Tuscany's successful expulsion of Moorish pirates from Tuscan waters |
| del Seicento | of the 17th century (lit: of the 1600s) |
| il Duecento | 13th century |
| il Trecento | 14th century |
| il Novecento | 20th century |
| fare una fotografia | to take a photograph |
| non c'è divieto di sosta | it's not a no parking zone |
| scendere (da...) | to get out of... |
| salire (in...) | to get on, in... |
| invece | on the contrary; but |
| invece di | instead of |
| prima di tutto | first of all |
| il cacciucco | a speciality of Livorno. It's a fish soup containing many different kinds of fish |
| un rotolino a colori | a colour film |
| un rotolino bianco e nero | a black and white film. (Notice that *bianco* always goes first in Italian in the expression *bianco e nero*.) |

*Andare a..., portare a..., venire a..., cominciare a...*
Notice the use of *a*:
    Andiamo a vedere il porto
    Venite a vedere la mia barca
    Ti porto a mangiare un cacciucco
    I ciliegi hanno cominciato a fiorire

Some verbs require no preposition as we have seen with *potere, dovere,* and *volere. Piacere* is another of these:

Mi piace pescare

Le piace fare spese?

| | |
|---|---|
| *mi piacerebbe...* | I'd like... |
| *ti piacerebbe?* ⎫ *le piacerebbe?* ⎭ | would you like? |

*Le piacerebbe andare a pescare?* Would you like to go fishing?

*Sì, mi piacerebbe molto* Yes, I'd like to very much

*L'unico...di, l'unica...di:* the only...in

*È l'unico monumento di Livorno*

It's the only historical monument in Livorno

| |
|---|
| **ne** |

*Ne* means 'of it' or 'of them' and normally precedes the verb like *ci* and the object pronouns:

*Vorrei le triglie più grosse. Ne prendo un chilo*

I'd like the biggest red mullets. I'll take a kilo. of them

Like *ci, ne* does not always have to be translated in English:

*Ne vorrei due*

I'd like two (of them)

## *Su* **and the definite article**

| | | |
|---|---|---|
| su+il = sul | su+i = sui | |
| su+l' = sull' | | |
| su+lo = sullo | su+gli = sugli | |
| su+la = sulla | su+le = sulle | |

# 18ª lezione *La gita all'isola d'Elba*

Il giorno dopo Ernesto e Carla sono partiti all'alba. Hanno preso un piccolo vapore per l'isola d'Elba. È una bella mattina di primavera. Sono sul ponte...

Carla    Ecco l'isola d'Elba! Eccola!

Ernesto    No, è ancora presto. Quella è la Corsica. È lontanissima, sai.

Carla    Vedi le montagne? Sono altissime.

Ernesto    Sembrano nuvole. Sai Carla, Ugo ed io siamo andati in Corsica tre anni fa. Abbiamo fatto la traversata in una tempesta, con un mare agitato e un vento fortissimo. La nave ha ballato tutta la notte.

Carla    Avete avuto il mal di mare?

Ernesto    Ugo l'ha avuto, poverino.

Carla    E tu?

Ernesto    Non ho sentito nulla per fortuna. Sono un lupo di mare, io.

Carla    Invece, io soffro il mal di mare. Meno male il mare è calmo oggi. Comunque mi piace navigare, anzi mi piacerebbe fare un viaggio per tutto il Mediterraneo. Stiamo così bene sotto il sole, vero?

\*    \*    \*

Ernesto    Hai preso una tintarella.

Carla    Oh, davvero? Quanto mi piace prendere il sole, e diventare nera come il carbone. Hai ragione, le mie braccia sono già un po' abbronzate.

Ernesto    Sì, e anche il tuo naso. È rosso come un peperone.

Carla    Mamma mia! Allora vorrei il tuo cappello, per piacere.

Ernesto    Eccolo. Ed ecco l'isola d'Elba. Tra mezz'ora siamo a terra.

Carla    Sono belle quelle case vicino al mare.

Ernesto    Vedi, Carla, quella casa gialla con la terrazza? Quella è la casa di Napoleone.

Carla    Che bella veduta ha avuto l'imperatore. Facciamo subito il bagno quando arriviamo?

Ernesto    Certo. È così bello nuotare in un'acqua così limpida e calma. La spiaggia non è molto lontana. È una spiaggia di ghiaie e sabbia bianchissima. Ecco, quello è il porto. Tra un momento siamo a terra.

I Il mare è agitato?                    Sì, è ancora agitato

1 Il vento è forte?          ...............................................

2 È presto?                  ...............................................

3 È buio?                    ...............................................

È giorno?                                  No, non è ancora giorno

4 È l'alba?                                ..................................................
5 È l'isola d'Elba?                        ..................................................
6 Siamo a Portoferraio?                    ..................................................


II Oggi il mare è calmo.                   Meno male, è calmo oggi

1 Stamani il vento non è forte             ..................................................
2 Questa volta la nave non balla           ..................................................
3 Oggi il tuo naso non è rosso come        ..................................................
  un peperone
4 Fra mezz'ora siamo a terra               ..................................................
5 Tra poco possiamo fare il bagno          ..................................................
6 Tra un momento siamo                     ..................................................
  nell' acqua


III Va a vedere la casa di                 No, l'ho vista la settimana scorsa
    Napoleone?

1 Va a vedere il porto?                    ..................................................
2 Viene a vedere questo film?              ..................................................
3 Viene a vedere i monumenti?              ..................................................
4 Viene a vedere le isole?                 ..................................................
5 Va a vedere quella mostra?               ..................................................
6 Va a vedere gli zii?                     ..................................................


IV È vicino il porto?                      No, non è vicino, anzi è molto lontano

1 È chiaro il vestito nuovo?               ..................................................
2 È calmo il mare oggi?                    ..................................................
3 Fa freddo in città?                      ..................................................
4 È brutta l'isola di Gorgona?             ..................................................


V Mi piace navigare                        Anzi mi piacerebbe navigare ogni
                                           giorno

1 Mi piace mangiare il cacciucco           ..................................................
2 Mi piace fare il bagno                   ..................................................
3 Mi piace prendere il sole                ..................................................
4 Mi piace andare in barca                 ..................................................
5 Mi piace partire all'alba                ..................................................

VI È mai stato (stata) all'isola    Sì, ci sono stato (stata) un anno fa
di Capraia?

È mai stato alla chiesa di Don    Sì, ci sono stato due anni fa
Luigi?

1 È mai stato sull'aliscafo? .................................................

2 È mai stato in Italia? .................................................

3 Siete mai stati a Londra? .................................................

4 Siete mai stati a Firenze? .................................................

5 Siete mai stati su quella spiaggia? .................................................

6 Siete mai stati nella casa    .................................................
dell'imperatore?

## Notes

| | |
|---|---|
| preso | past participle of *prendere* |
| tre anni fa | three years ago |
| avere il mal di mare | to be seasick |
| sono un lupo di mare, io | I'm a real sea-dog, I am |
| meno male, il mare è calmo oggi | it's lucky the sea's calm today |
| sotto il sole | in the sun |
| hai preso una tintarella | you've caught the sun |
| diventare nero come il carbone | to get really brown (lit: black as coal) |
| le braccia | this is an irregular plural. The singular is *il braccio*. Note that the gender changes from masculine to feminine in the plural. |
| tra mezz'ora siamo a terra | in half an hour's time we'll be on land |
| fare il bagno | to have a swim (*fare un bagno*: to have a bath) |
| una spiaggia di ghiaie | a pebble beach |
| tra, fra | within, in (also: between) *Tra* and *fra* are interchangeable |

*Mai:* ever                    *Non...mai:* never
  *Sei mai stato in Corsica?*
  Have you ever been to Corsica?
  *No, non ci sono mai stato*
  No, I've never been there

*Non...nulla, non...niente:* nothing
  *Non ho sentito nulla*
  I felt nothing

# 19ª lezione *Le buone notizie*

Ernesto e Carla hanno passato delle ore incantevoli all'isola d'Elba. La gita gli ha fatto veramente bene. Il viaggio di ritorno è stato bello come il viaggio di andata. C'è stato un bel tramonto; il sole è andato giù dietro l'isola di Montecristo. In Piazza Grande a Livorno incontrano il signor Landi, un giornalista della città. Il signor Landi saluta Ernesto...

*Landi* Buona sera, signor Mussi! Congratulazioni!

*Ernesto* Buona sera, signor Landi. Congratulazioni? Perchè?

*Landi* Non ha letto il giornale?

*Ernesto* No, non l'ho letto perchè oggi siamo stati all' isola d'Elba.

*Landi* Lei è diventato ricco.

*Ernesto* Ma Lei mi prende in giro! Ho venduto un quadro per cento milioni? Sono diventato Presidente della Repubblica? Ho vinto la Biennale di Venezia?

*Landi* No, no. Il suo nome è sul giornale, insieme al nome di una ragazza. Le spiego subito...

*Carla* Il totocalcio! Abbiamo vinto! Abbiamo vinto!

*Ernesto* Che scherzo è? Ci prende in giro, signor Landi? Non ho mai vinto niente in tutta la mia vita.

*Carla* Ma ho giocato io. Ci ha portato fortuna. Oh che meraviglia! Abbiamo vinto perchè ho giocato io!

*     *     *

*Ernesto* Ah! permette, signor Landi: le presento la signorina Carla...

*Landi* Piacere, signorina; e congratulazioni. Lei ha proprio ragione. Avete vinto al totocalcio. Che cosa volete fare con tutti questi soldi? Davvero siete stati fortunati.

*Ernesto* Le ho promesso di fare il giro d'Italia. Non è vero, Carla?

*Landi* Ma come? Il giro d'Italia in bicicletta come i corridori?

*Carla* No, andiamo in aereo; l'abbiamo deciso a Roma. Ma sa quanto abbiamo vinto?

*Landi* Avete vinto quasi un milione.

*Carla* Ma senti, Ernesto: quasi un milione!

*Landi* Novecento ottanta mila lire, signorina.

*Carla* Allora facciamo il giro d'Italia?

*Ernesto* Come no! Partiamo domani.

*Carla* Mi piacerebbe andare subito a Venezia. Telefono a mio padre e gli dico tutto. Oh che fortuna!

*Landi* Allora vi saluto.

*Ernesto* Un momento, signor Landi. Perchè non andiamo subito a
Viareggio tutti e tre! Conosco un bel locale notturno.
Ci sono stato qualche volta. Le piacerebbe venire con noi?
*Carla* Sì, sì, signor Landi. Lei deve venire con noi. Lei ci ha
dato le buone notizie; le dobbiamo festeggiare insieme.

I Vuole dare il giornale a     Sì, gli do il giornale volentieri
Don Luigi?

1 Vuole scrivere al signor Landi? ...............................................

2 Vuole dire le notizie alla ...............................................
signorina?

3 Vuole telefonare a mamma? ...............................................

4 Vuole dare un regalo ai
genitori? ...............................................

5 Vuole portare il pacco alle
ragazze? ...............................................

6 Vuole portare la torta
ai ragazzi? ...............................................

7 Vuole dare il cappello alla
ragazza? ...............................................

II Non ho letto il giornale perchè oggi siamo stati all'isola d'Elba

1 Non abbiamo sentito le notizie ...............................................

2 ........................................... perchè abbiamo lavorato giorno e
notte

3 Non ho visto il tramonto...............................................

4 ...........................................perchè siamo arrivati in ritardo

5 Non abbiamo visitato la Biennale...............................................

III Mi compri il biglietto?     Certamente ti compro il biglietto

1 Mi scrivi qualche volta? ...............................................

2 Mi telefoni stasera? ...............................................

3 Mi presenti la signorina? ...............................................

Ci comprate dei panini?     Certamente vi compriamo dei panini

4 Ci scrivete una cartolina? ...............................................

5 Ci telefonate lunedì? ...............................................

6 Ci presentate l'imperatore? ...............................................

IV Mi scrive quando ha tempo?  Certamente le scrivo quando ho
                                    tempo

1 Mi dice quando parte? .....................................................
2 Mi telefona quando arriva? .....................................................
3 Mi presenta il giornalista? .....................................................
4 Mi promette di venire quando è
    libero? .....................................................


V Bisogna fare il biglietto di  Lo dobbiamo fare
      andata e ritorno

1 Bisogna vincere un milione .....................................................
2 Bisogna scrivere allo zio .....................................................
3 Bisogna telefonare alla zia .....................................................
4 Bisogna leggere le notizie .....................................................
5 Bisogna incontrare quel
    corridore .....................................................
6 Bisogna decidere l'orario del
    viaggio .....................................................


VI Perchè non fa il bagno?  Perchè non mi piace fare il bagno

1 Perchè non gioca al totocalcio? .....................................................
2 Perchè non guarda la televisione?.....................................................
3 Perchè non fa il giro d'Italia? .....................................................

   Perchè non andate in aereo?  Perchè non ci piace andare in aereo

4 Perchè non leggete i giornali? .....................................................
5 Perchè non fate il viaggio
    in bicicletta? .....................................................


## Notes

| | |
|---|---|
| prendere in giro | to pull someone's leg |
| sul giornale | in the paper |
| insieme a | together with |
| novecento ottanta mila lire | L.980,000, about £647 |
| il giro d'Italia | the annual round-Italy cycle race |
| salutare | to say 'hullo' or 'goodbye' |
| tutti e tre | the three of us. (tutti e due: the two of us) |
| qualche volta | sometimes; a few times |

## Indirect Object Pronouns

| | |
|---|---|
| *mi* | (to) (for) me |
| *ti* | (to) (for) you |
| *le* | (to) (for) you |
| *gli* | (to) (for) him |
| *le* | (to) (for) her |
| *ci* | (to) (for) us |
| *vi* | (to) (for) you |
| *gli* | (to) (for) them (masc. & fem.) |

Examples of the use of the direct and indirect pronouns:

### Direct:

*Scrivo la lettera*  
I'll write the letter

*La scrivo oggi*  
I'll write it today

*Porto il pacco*  
I'll bring the parcel

*Lo porto subito*  
I'll bring it straight away

### Indirect:

*Scrivo a Carla*  
I'll write to Carla

*Le scrivo oggi*  
I'll write to her today

*Porto il pacco a Ernesto*  
I'll bring Ernesto the parcel

*Gli porto il pacco oggi*  
I'll bring him the parcel today

*Telefona ai giornalisti*  
He's 'phoning the journalists

*Gli telefona*  
He's 'phoning them

Further examples of the indirect pronouns:

| | |
|---|---|
| *Mi spiega tutto* | He explains everything to me |
| *Ti presento il dottore* | May I introduce the doctor (to you) |
| *Gli dico sempre tutto* | I always tell him (or them) everything |
| *Le scrive le notizie* | He is writing the news to her (or to you) |
| *Le daremo il giornale* | We'll give the paper to her (or to you) |
| *Ci prepara gli gnocchi* | She's making *gnocchi* for us |
| *Vi porto fortuna* | I bring luck to you |
| *Gli compro una torta* | I'm buying a cake for them (or for him) |

The exact meaning of *le* and *gli* is usually quite clear in normal conversation.

*Piacere,* as we have seen, is used with the indirect object pronouns:

| | |
|---|---|
| *Vi piace Livorno?* | Do you like Livorno? (lit: is Livorno pleasing to you?) |
| *Sì, ci piace* | Yes, we like it (lit: it is pleasing to us) |
| *Le piace il pesce?* | Do you like fish? (lit: is fish pleasing to you) |

The past participle of *leggere,* (to read) is irregular: *letto*
The past participle of *vincere,* (to win) is also irregular: *vinto*

*Promettere:*
The past participle of *promettere* is *promesso*:

> *Le ho promesso di fare il giro d'Italia*
> I've promised her to do a tour of Italy
> (I've promised her we'd do a tour of Italy)

Notice that the indirect object pronoun must be used.

If *promettere* is used with another verb it is followed by *di*:

> *Prometto di venire*
> I promise to come
> *Gli ho promesso di venire*
> I've promised him (or them) to come
> *Ho promesso a Carla di venire*
> I've promised Carla to come

*Decidere:*
The past participle is *deciso*:

> *Ho deciso di andare a Venezia*
> I've decided to go to Venice
> *L'abbiamo deciso a Roma*
> We decided it in Rome

*Dare:*
Here is the present of *dare,* to give:

do
dai
dà
diamo
date
danno

Note the accent on *dà* to distinguish it from *da* meaning 'from'.

# 20ª lezione *In un locale notturno*

Ernesto, Carla e il signor Landi hanno passato la sera a Viareggio, in un locale notturno; e tra poco torneranno a casa. Ma chi guiderà? Guiderà Ernesto che ha bevuto tanto spumante? Guiderà il signor Landi che prenderà la patente domani mattina? Oppure guiderà Carla che non ha mai guidato una macchina in vita sua?

*Carla*   Allora guiderò io!

*Ernesto*   No, tu non sai guidare. Guiderò io.

*Landi*   Saremo sicuri con Lei?

*Ernesto*   Senz'altro! Non ho mai avuto un incidente in vita mia. Una serata come questa non finirà male.

*Carla*   Senti, Ernesto. Sicuramente guiderai come gli inglesi, guiderai a sinistra. Preferisco andare a casa in bicicletta, o magari a cavallo. Anche a piedi.

*Landi*   Allora guiderò io. Ho fatto scuola-guida e prenderò la patente domani alle nove; e guiderò a destra.

*Carla*   E se la polizia la ferma?

*Ernesto*   Ci metteranno tutti in prigione. Guiderò io.

*Landi*   Non arriveremo mai, questo è sicuro.

*Ernesto*   Ma come? Non ho bevuto quasi niente. Carla, vuoi ballare?

*Carla*   Certo, con piacere. Ballerò con te, ma non viaggerò in macchina con te.

*Landi*   Giusto. Andate a ballare; è una buona prova. Intanto chiederò il conto. Cameriere, per piacere!

*　　*　　*

*Carla*   Che buon'orchestra! Come suona bene quel sassofonista! Anche la cantante è bravissima. Ha cantato tutte le mie canzoni preferite.

*Landi*   Carla, come ha ballato Ernesto?

*Carla*   È un gran ballerino. Ma balla come una nave in tempesta.

*Ernesto*   Pagherò io il conto. Quant'è? (*fischia*) Ventimila ottocento! Ma ora sono ricco. Voglio lasciare una buona mancia per il cameriere.

*Landi*   Vorrei sapere quanto spenderete per il giro d'Italia.

*Carla*   Tutto, si capisce.

*Ernesto*   Resteremo al verde. Senz'altro non avremo più un soldo. Andiamo! E guiderò io.

*Carla*   Non guiderà nessuno. Prenderemo un taxi.

*Ernesto*   E se il tassista ha bevuto guiderò io.

I Nessuno può guidare                Allora chi guiderà?

1 Nessuno può cantare                .................................................
2 Nessuno può suonare                .................................................
3 Nessuno può restare                .................................................
4 Nessuno può pagare                 .................................................

II Non siamo ancora arrivati!        Sembra che non arriveremo mai

1 Non abbiamo ancora finito!         .................................................
2 Non abbiamo ancora ballato!        .................................................
3 Non abbiamo ancora nuotato!        .................................................
4 Non siamo ancora partiti!          .................................................
5 Non abbiamo ancora
   dormito!                          .................................................

III Tornerà a casa?                  Non tornerò mai a casa

1 Ballerà con quella signora?        .................................................
2 Prenderà la patente?               .................................................
3 Canterà le canzoni di moda?        .................................................

   Andrete in un locale notturno?    Non andremo mai in un locale
                                       notturno

4 Finirete i danari?                 .................................................
5 Resterete al verde?                .................................................
6 Pagherete il conto?                .................................................

IV Ha mai visto 'I Pagliacci'?       No, non li ho mai visti

1 Ha mai sentito Caruso?             .................................................
2 Ha mai visto 'L'Aida'?             .................................................
3 Ha mai sentito Maria Caniglia?     .................................................
4 Ha mai visto 'La Cavalleria
   Rusticana'?                       .................................................
5 Ha mai sentito 'I Virtuosi
   Veneti'?                          .................................................

V Sa ballare il tango?               Non ho mai ballato il tango in vita
                                       mia

1 Sa guidare?                        .................................................
2 Sa cantare?                        .................................................
3 Sa suonare il sassofono?           .................................................
4 Sa andare in bicicletta?           .................................................

5 Sa andare a cavallo? ......................................................

6 Sa mangiare gli spaghetti? ......................................................

VI Guiderà la macchina?      Senz'altro la guiderò

1 Prenderà la patente prima? ......................................................

2 Non avrà un incidente? ......................................................

3 Arriverà a Milano in tempo? ......................................................

4 Tornerà a Viareggio? ......................................................

Prenderete un taxi?      Senz'altro lo prenderemo

5 Andrete in un locale notturno? ......................................................

6 Ballerete tutti i valzer? ......................................................

7 Spenderete tutti i danari? ......................................................

8 Tornerete a casa a piedi? ......................................................

VII Hanno passato la sera in un locale notturno, e tra poco torneranno
a casa

1 Hanno passato il pomeriggio al mare ......................................................

2 ........................................................e tra poco prenderanno un taxi.

3 Hanno ballato tutta la notte......................................................

4 ........................................................e tra poco torneranno
all'albergo.

5 Hanno passeggiato fino alla stazione ......................................................

6 ........................................................e tra poco faranno il viaggio
di ritorno.

7 Sono stati tutto il giorno sulla spiaggia ......................................................

## Notes

| | |
|---|---|
| prendere la patente | to take one's driving test (lit: to take the licence) |
| in vita sua | in her (his, your) life |
| senz'altro | of course; naturally |
| avere un incidente | to have an accident |
| in bicicletta | by bicycle |
| a cavallo | on horseback (*andare a cavallo*: to ride) |
| a piedi | on foot |
| ho fatto scuola-guida | I've taken driving lessons |
| si capisce | naturally |
| restare al verde | to be left without a penny (*sono al verde*: I'm broke) |

## The Future

We have already seen that the present tense can often be used in Italian with a future meaning:

*Arriva domani*
He's arriving tomorrow
*Telefono tra un'ora*
I'll telephone in an hour
*Guido io*
I'll drive

If the future of the verb is used, then the meaning is usually more emphatic, leaving no room for doubt:

*Arriverà domani*
He will arrive tomorrow (for sure)
*Telefonerò tra un'ora*
I shall telephone in an hour's time (for sure)
*Guiderò io*
I'll drive (and no one else)
*Una serata come questa non finirà male*
An evening like this won't end badly (can't possibly end badly)
*Gli inglesi non guideranno mai a destra*
The English will never drive on the right

## The Future of regular verbs:

| *parlare* | *prendere* | *capire** |
|-----------|------------|-----------|
| parler-ò | prender-ò | capir-ò |
| parler-ai | prender-ai | capir-ai |
| parler-à | prender-à | capir-à |
| parler-emo | prender-emo | capir-emo |
| parler-ete | prender-ete | capir-ete |
| parler-anno | prender-anno | capir-anno |

* *Dormire* type verbs are the same as *capire* in the future.
Note that *-are* verbs change the *a* of their infinitive to *e*.

Here is the future of *essere* and *avere*:

| *essere* | *avere* |
|----------|---------|
| sarò | avrò |
| sarai | avrai |
| sarà | avrà |
| saremo | avremo |
| sarete | avrete |
| saranno | avranno |

Note that in *pagare* and in other verbs which have *c* or *g* before the *-are* of the infinitive, an *h* is inserted in the future to preserve the hard sound of the infinitive:

| *pagare* | *giocare* |
|---|---|
| pagherò | giocherò |
| pagherai | giocherai |
| pagherà | giocherà |
| pagheremo | giocheremo |
| pagherete | giocherete |
| pagheranno | giocheranno |

*Sapere* and the infinitive:

*Non so guidare*

I can't drive (i.e. I don't know how to drive)

*Sa nuotare*

He can swim (i.e. he knows how to swim)

Note the difference between *sapere* and *potere*. *Sapere* is 'to know how to' and *potere* is 'to be able to':

*Oggi non posso nuotare, ho un mal di stomaco*

I can't swim today, I've got a stomach ache

*Buono*

Before a noun in the singular, *buono* is similar to the indefinite article (*un, uno, una, un'*):

un buon locale notturno
un buono spumante
una buona cantante
una buon'orchestra

Buon appetito!
Buongiorno
Buona sera
Buon'idea!

But if it comes before a noun in the plural, it is regular:

due buoni guidatori
due buone orchestre

*Grande*

*Grande* usually becomes *gran* if it goes before a noun beginning with a consonant, except *s*+consonant or *z*:

È un gran ballerino
È un grande scultore

# 21ª lezione  *Sull'autostrada*

Ecco i nostri amici sull'autostrada per Firenze. Guida il signor Landi che ha appena preso la patente. Guida benissimo, ma Ernesto lo critica spesso...

*Ernesto*  Attento, Lei va troppo forte. Ci vuole ammazzare? Va a novanta.

*Landi*  Va bene, andrò più piano, andrò a sessanta chilometri all'ora.

*Ernesto*  Attento! Quel camion è fermo.

*Landi*  Va bene. Sorpasserò.

*Carla*  Piano, signor Landi!

*Landi*  Anche Lei, signorina, ha paura?

*Carla*  Non ho paura di niente.

*Ernesto*  Signor Landi, le darò la macchina all'aeroporto. La può portare al garage? C'è un buon meccanico. Vorrei far controllare i freni e la frizione.

*Landi*  Benissimo. La farò anche lavare e ingrassare. E quando tornate verrò all'aeroporto.

*Ernesto*  Attento! Qui c'è un cartello 'Lavori in corso'. Quegli uomini attraversano la strada.

*Landi*  Ho visto, grazie. Cambio marcia; metto la terza.

*Carla*  Quando guida Ernesto va come tutti gli italiani: fortissimo. Come mi piacciono le autostrade; non ci sono semafori, non ci sono passaggi a livello; hai tutto il tempo per guardare il paesaggio...
*(La macchina davanti frena di colpo, e il signor Landi deve frenare immediatamente per evitare un tamponamento)*

*Landi*  Ma avete visto quel pazzo?

*Ernesto*  Quello sciocco ha avuto paura.

*Carla*  Magari starà più attento la prossima volta.

*Ernesto*  Caro signor Landi, le devo dire che è stato bravissimo; per un pelo non abbiamo avuto un incidente.

*Carla*  Bravissimo...

\*    \*    \*

*Carla*  Vedete quei buoi? È una cosa talmente tipica della campagna toscana.

*Ernesto* Ma Carla, ho visto buoi anche in Piemonte.

*Carla* Ma voi che siete due ottimi guidatori, cos'è quella piccola luce rossa sempre accesa? Qualcosa non funziona?

*Ernesto* Mamma mia! Non abbiamo più benzina. Bisogna far benzina subito.

*Landi* Ci sarà un distributore vicino.

*Carla* Là c'è un distributore. Che fortuna!

\* \* \*

*Il Benzinaio* Quanti litri, signore? Normale o super?

*Landi* Vorrei il pieno di super, per piacere.

*Ernesto* Accetta i buoni dell'A.C.I.?

*Il Benzinaio* Certo, signore. Grazie. Olio e gomme sono a posto?

*Ernesto* Sì, grazie, tutto a posto.

*Il Benzinaio* Buon viaggio!

I Bisogna far controllare i freni — C'è un meccanico? Vorrei far controllare i freni.

1 Bisogna far ingrassare la macchina ................................................

2 Bisogna far cambiare una gomma ................................................

3 Bisogna far cambiare l'olio dei freni ................................................

II Attento! Lei va troppo forte, va a novanta — Va bene, andrò più piano, andrò a ottanta

1 Attento! Lei va troppo forte, va a cento ................................................

2 Attento! Lei va troppo forte, va a settanta ................................................

3 Attento! Lei va troppo forte, va a centoventi ................................................

III Quando verrà a Firenze? — Ci verrò lunedì
Quando farete il viaggio? — Lo faremo martedì

1 Quando avrà le fotografie? ................................................

2 Quando andrà in campagna? ................................................

3 Quando darete la festa? ................................................

4 Quando andrete sulla luna? ................................................

5 Quando tornerete sulla terra? ................................................

IV Voglio prendere la patente    La voglio prendere subito
     Devo cambiare ventimila lire   Le devo cambiare subito

1. Devo controllare l'olio          ...................................................
2 Voglio comprare le sigarette     ...................................................
3 Dobbiamo fare benzina         ...................................................
4 Dobbiamo trovare un           ...................................................
    distributore
5 Dobbiamo sorpassare quel      ...................................................
    camion

V Lo può fare oggi?              No, non lo posso fare oggi. Però lo
                                      farò domani

1 Ci può andare oggi?          ...................................................
2 La può lavare oggi?          ...................................................
3 Può venire oggi?             ...................................................
4 Lo può dire oggi?            ...................................................

VI Quanta benzina c'è?          Mamma mia! Non abbiamo più
                                      benzina

1 Quanti soldi ci sono?        ...................................................
2 Quante sigarette ci sono?     ...................................................
3 Quanto tempo c'è?           ...................................................
4 Quanti buoni di benzina ei sono? ...................................................

VII C'è la nuova cuoca?        Sì, è appena arrivata

1 C'è il giornale di oggi?      ...................................................
2 C'è l'ultimo modello?        ...................................................
3 C'è una lettera della zia?     ...................................................
4 Ci sono le calze nere?        ...................................................
5 Ci sono i ragazzi?           ...................................................
6 Ci sono i nuovi francobolli?    ...................................................
7 Ci sono le turiste straniere?    ...................................................

VIII Il signor Landi guida benissimo, ma Ernesto lo critica spesso

1 ......................................    ma va troppo forte
2 Questa è una bella macchina    ...................................................
3 ......................................    ma voglio far controllare i freni
4 L'olio è a posto,            ...................................................
5 ......................................    ma non abbiamo più benzina
6 Il paesaggio è bellissimo,     ...................................................

# Notes

| | |
|---|---|
| andrò a sessanta chilometri all'ora | I'll go at sixty kilometres an hour |
| non ho paura di niente | I'm not afraid of anything |
| metto la terza | I'll put it in third |
| hai tutto il tempo per guardare il paesaggio | you've all the time (you want) to look at the landscape. (The *tu* form of the verb can also be used in the general sense of 'one': one has...) |
| buoi (singular: *bue*) | oxen (white oxen are often yoked to carts or ploughs) |
| di colpo | suddenly |
| per un pelo non abbiamo avuto un incidente | we escaped an accident by the skin of our teeth. (*Ho perduto il treno per un pelo*: I missed the train by a hair's breadth) |
| non abbiamo più benzina | we haven't got any more petrol |
| i buoni dell'A.C.I. | petrol coupons issued by the Automobile Club of Italy |
| vorrei il pieno di super | fill it up please, with super |
| a posto | in order |

# Verbs

Very few verbs are irregular in the future, but notice these six very common ones:

| *dare* | *fare* | *stare* | *dire* | *andare* | *venire* |
|---|---|---|---|---|---|
| darò | farò | starò | dirò | andrò | verrò |
| darai | farai | starai | dirai | andrai | verrai |
| darà | farà | starà | dirà | andrà | verrà |
| daremo | faremo | staremo | diremo | andremo | verremo |
| darete | farete | starete | direte | andrete | verrete |
| daranno | faranno | staranno | diranno | andranno | verranno |

### *Fare* **and the infinitive:**

*Vorrei far controllare i freni*
I'd like to have the brakes checked
*La farò anche lavare e ingrassare*
I'll have it washed and greased as well

Notice that *fare* often drops the *e* of the infinitive before another infinitive.

*Che*

As well as 'what', *che* also means 'who' as in:

  *Guida il signor Landi che ha appena preso la patente*

  Mr. Landi, who has just passed his test, is driving

*Per* **and the infinitive** (in order to.., to..)

  *Il signor Landi deve frenare immediatamente per evitare un tamponamento*

  Mr. Landi has to brake immediately (in order) to avoid bumping

*Appena:* just, just now

  *Ho appena finito*

  I've just finished

  *È appena uscito*

  He's just gone out

*Quello* and *bello*

Just as for the singular *bello* and *quello* in the plural are similar to the definite article

<table>
<tr><td>Quei giornali</td><td>Che bei quadri!</td></tr>
<tr><td>Quelle signore</td><td>Che belle ragazze!</td></tr>
<tr><td>Quegli uomini</td><td>Che begli anni!</td></tr>
<tr><td>Quegli studenti</td><td>Che begli specchi!</td></tr>
</table>

# 22ª lezione  *Con Laura a Firenze*

Gli amici sono arrivati sani e salvi a Firenze. Ernesto e Carla scendono dalla macchina in Piazza del Duomo, e il signor Landi porta la macchina al parcheggio dell'A.C.I. Ernesto e Carla incontreranno il signor Landi tra mezz'ora. C'è una folla di turisti in Piazza del Duomo. Purtroppo Ernesto e Carla non hanno tempo per visitare il Duomo e il Battistero. Guardano un momento la Porta del Paradiso, restaurata dopo l'alluvione del '66, poi vanno a piedi in Piazza San Lorenzo, dove hanno appuntamento con Laura, la sorella di Carla...

*Carla* Ciao Laura! Questo è Ernesto.

*Laura* Piacere, Ernesto. Carla parla sempre di Lei. È di Livorno, vero?

*Ernesto* Sì, signora. Sono della città dei Quattro Mori.

*Laura* Congratulazioni per la vincita! Siete stati molto fortunati. Conosce bene Firenze?

*Ernesto* Certo, ne conosco ogni vicolo. I fiorentini sono i nostri cugini.

*Carla* Strano, sono stata a Firenze tante volte e non ho mai visto il Davide di Michelangelo. Vado sempre agli Uffizi.

*Ernesto* Se abbiamo tempo andremo all'Accademia a vedere il Davide. Ma prima passiamo dall'agenzia.

*Laura* Sì, prendete subito i biglietti, è meglio.

*Carla* Laura, ma Tommaso come sta? Perchè non l'hai portato? Voglio tanto vedere il mio bel nipotino.

*Laura* Sai, ora va a scuola. Vedrai com'è bello, sembra già un ometto quando porta i pantaloni lunghi. Adesso vuole imparare l'inglese perchè vuole viaggiare.

*Ernesto* Allora è un bambino sveglio.

*Carla* Si capisce; ha otto anni, è già un uomo. Dov'è l'agenzia, Laura? È qui vicino, credo.

*Laura* Sì, è proprio qui all'angolo.

\* \* \*

*Impiegato* Buona sera, signori.

*Ernesto* Buona sera. Abbiamo prenotato due posti per il volo Firenze-Venezia. Ne abbiamo parlato al telefono.

*Impegiato* Il volo di oggi alle 16.20, vero? Ecco! Volo 34 delle 16.20; classe turistica.

*Ernesto* Grazie. E quanto ci vuole per andare all'aeroporto?

*Impiegato* Ci vogliono circa 25 minuti.

*Carla* Allora non abbiamo tempo per vedere il Davide. Sembra che non lo potrò mai vedere.

*Laura* Allora la prossima volta tornerai esclusivamente per vedere il Davide.

*Carla* Ma soprattutto voglio vedere Tommaso.

*Impiegato* Permettete, signori? Ecco un omaggio della nostra agenzia. In questa guida turistica troverete tutto di Firenze: i palazzi, i ponti, le chiese, i musei, le gallerie.

*Ernesto* Grazie. Ne vorrei una.

*Impiegato* Eccone due! Una anche per Lei, signorina. E buon volo, signori!

◀ *In Piazza del Duomo*

I Visitiamo il Duomo!  Purtroppo non abbiamo tempo per visitare il Duomo

1 Andiamo a vedere il Davide! ......................................
2 Facciamo una passeggiata nei vicoli! ......................................
3 Portiamo un regalo a Tommaso! ......................................
4 Telefoniamo all'agenzia di viaggi! ......................................
5 Compriamo un ricordo di Firenze! ......................................

II Andiamo a vedere l'aeroporto?  Vedrà com'è bello

1 Vuole vedere la mia nipotina? ......................................
2 Andiamo a vedere la Porta del Paradiso? ......................................
3 Vuole visitare le chiese di Firenze? ......................................
4 Andiamo a visitare gli Uffizi? ......................................
5 Andiamo a vedere Piazza della Signoria? ......................................
6 Andiamo a vedere il palazzo Strozzi e il palazzo Vecchio? ......................................

III Desidera vedere questa galleria?  Sì, la vorrei tanto vedere

1 Desidera visitare questo museo? ......................................
2 Desidera fotografare questi quadri? ......................................
3 Desidera comprare questa guida turistica? ......................................
4 Desidera avere queste cartoline del Palazzo Vecchio? ......................................
5 Desidera fare una gita a Pisa? ......................................
6 Desidera sentire le parole della guida? ......................................

IV Ha visto le gallerie di Firenze?  No, ma le vedrò la prossima volta

1 Ha visitato l'Accademia? ......................................
2 Ha trovato un bel ricordo di Firenze? ......................................

3 Ha conosciuto il nipotino di Carla?

.............................................

Avete prenotato due posti al teatro Verdi?

No, ma li prenoteremo la prossima volta

4 Avete fatto la fotografia del Ponte Vecchio?

.............................................

5 Avete comprato il cappello di paglia?

.............................................

6 Avete mangiato la bistecca alla fiorentina?

.............................................

7 Avete imparato l'italiano?

.............................................

V Dobbiamo andare alla stazione

Scusi, quanto ci vuole per andare alla stazione?

1 Dobbiamo andare a Firenze .............................................
2 Dobbiamo andare al mare .............................................
3 Dobbiamo andare in Piazza del Duomo
.............................................
4 Dobbiamo andare agli Uffizi .............................................
5 Dobbiamo andare al porto .............................................

VI Vanno in Piazza San Lorenzo dove hanno appuntamento con Laura

1 Vanno a Firenze .............................................
2 .............................................dove c'è la Porta del Paradiso
3 Vanno in Piazza del Duomo .............................................
4 .............................................dove visitano il Battistero
5 Vanno a Siena .............................................
6 .............................................dove conoscono ogni vicolo
7 Quest'estate andranno a Portofino .............................................
8 .............................................dove faranno il bagno ogni giorno

## Notes

| | |
|---|---|
| sono arrivati sani e salvi | they've arrived safe and sound |
| avere appuntamento | to have an appointment |
| il nipotino | little nephew |
| il nipote | nephew (the suffixes -ino and -etto have the sense of 'little': un ometto: a little man; un vicoletto: a little lane; una passeggiatina: a short walk) |

| | |
|---|---|
| è proprio qui all'angolo | it's right here on the corner |
| la guida | guide or guide book. (It is always feminine even when it refers to men). |

*Parlare*

>   *Carla parla sempre di Lei*
>   Carla is always talking about you
>   *Ne abbiamo parlato al telefono*
>   We talked about it on the telephone

*Ci vuole*

>   *Quanto ci vuole per andare all'aeroporto?*
>   How long does it take to go to the airport?
>   *Quanto ci vuole per andare alla stazione?*
>   How long does it take to go to the station?
>   *Ci vuole un'ora*
>   It takes an hour
>   *Ci vogliono due ore*
>   It takes two hours
>   *Ci vogliono 25 minuti*
>   It takes 25 minutes

*Il volo di oggi alle 16.20, vero?*: the 24-hour clock is usually used for timetables in Italy, and quite commonly in speech.

# 23ª lezione *In aereo*

Tra qualche minuto Carla e Ernesto partiranno dall'aeroporto di Firenze. È la prima tappa del loro giro d'Italia e sicuramente si divertiranno molto. All'aeroporto il signor Landi li saluta con allegria...

>   *Landi* Arrivederci! Arrivederci a Livorno! Mi scriverete?
>   *Ernesto* Senz'altro; le manderemo tante cartoline. Si ricorderà di portare la macchina al garage?
>   *Landi* Certo, mi ricorderò di tutto. Buon viaggio. Buon viaggio, Carla. Ha il passaporto in regola?
>   *Carla* Ma non andiamo all'estero! Arrivederci. A presto!

*    *    *

*Carla* Quanto mi diverto in aereo! Adesso non vedo più Firenze, neanche la cupola del Duomo. Sotto di noi c'è soltanto campagna.

*Ernesto* È proprio la tipica campagna toscana: file di cipressi, un tappeto di vigne e olivi, qualche vecchia villa, qualche fattoria.

*Carla* Hai visto, Ernesto? Gli Appennini!

*Ernesto* Che bellezza! Le cime sono ancora bianche di neve. Ti piace sciare?

*Carla* Certo, mi diverto davvero a sciare. Ogni capodanno passiamo una piccola vacanza sulla neve, in Abruzzo.

*Ernesto* Allora sai sciare bene?

*Carla* Abbastanza bene. E tu?

*Ernesto* Anch'io bene. Mi ricordo, in una settimana a Cortina ho imparato a sciare benissimo.

*Carla* Come mai hai imparato a sciare in una settimana?

*Ernesto* Perchè ho sciato dalla mattina alla sera.

*Carla* Va bene, Ernesto: se andiamo a sciare vedremo che campione sei.

\* \* \*

*Ernesto* Carla, ho dimenticato lo spazzolino da denti!

*Carla* Anch'io non mi ricordo mai dello spazzolino. Ho dimenticato anche gli occhiali da sole. Com'è veloce l'aereo! A quanti chilometri andiamo?

*Ernesto* Chissà? Forse a cinquecento chilometri all'ora. Vedi, abbiamo già sorvolato gli Appennini, e ora siamo vicini a Bologna. Quella città là dev'essere Bologna; quell'altra più lontana dev'essere Ferrara. Tra pochi attimi vedremo il Po.

*Carla* Sì, vedo già il delta del Po. C'è stata un'alluvione? Ci sono tanti campi pieni d'acqua.

*Ernesto* Devono essere le risaie.

*Carla* Oh, da questa parte c'è il mare! È l'Adriatico; com'è azzurra l'acqua! Vedo anche un piccolo porto con tante barche.

*Ernesto* Sembrano pescherecci.

*Carla* Dev'essere Chioggia. Mi ricordo, ci sono stata qualche anno fa con lo zio Raffaele. È stato molto divertente. La laguna, la laguna! Quante isole!

*Ernesto* Carla, ci siamo!

I Ti piace andare in aereo?  Sì, mi diverto davvero in aereo

1 Ti piace abitare a Londra? .................................................
2 Ti piace andare in barca? .................................................
3 Ti piace andare in bicicletta? .................................................
4 Ti piace stare a Portofino? .................................................

II Non vi piace andare a cavallo? Come no? Ci divertiamo tanto a
            andare a cavallo

 Non vi piace sciare?    Come no? Ci divertiamo tanto a
            sciare

1 Non vi piace pescare? .................................................
2 Non vi piace ballare? .................................................
3 Non vi piace vivere in campagna? .................................................
4 Non vi piace passeggiare nelle .................................................
 strade di notte?

III Come? Non ha il passaporto? Non mi ricordo mai del passaporto

1 Come? Non ha lo spazzolino? .................................................
2 Come? Non ha il biglietto? .................................................
3 Come? Non ha la macchina .................................................
 fotografica?
4 Come? Non ha gli occhiali da .................................................
 sole?

 Come? Non sapete l'indirizzo? Non ci ricordiamo mai dell'indirizzo

5 Come? Non sapete il numero di .................................................
 telefono?
6 Come? Non sapete l'orario .................................................
 del treno?
7 Come? Non sapete il prefisso .................................................
 di Roma?
8 Come? Non sapete il nome del .................................................
 ' dottore?

IV Come mai non saluta gli Ma li ho già salutati
 amici?

1 Come mai non manda il pacco? .................................................
2 Come mai non imbuca la lettera? .................................................
3 Come mai non scrive a .................................................
 quell'amico di Ferrara?

4 Come mai non fa i biglietti? .........................................

5 Come mai non telefona
all'impiegato? .........................................

V Avete visto le risaie?     No, non le abbiamo mai viste

1 Avete avuto la vacanza sulla
neve? .........................................

2 Avete visitato Chioggia? .........................................

3 Avete sorvolato gli Appennini? .........................................

4 Avete dimenticato i passa-
porti? .........................................

5 Avete sciato in Abruzzo? .........................................

6 Siete stati sulle cime bianche
di neve? .........................................

7 Avete visto le vigne toscane? .........................................

VI Che città è quella? È Bologna?     Sì, dev'essere Bologna

1 Cosa sono quelle montagne?
Sono gli Appennini? .........................................

2 Cos'è tutta quell'acqua?
È il delta del Po? .........................................

3 Cosa sono quei campi pieni
d'acqua? Sono le risaie? .........................................

4 Cosa sono quelle barche?
Sono pescherecci? .........................................

5 Che città è quella?
È Chioggia? .........................................

6 Cosa sono tutte quelle isole?
Sono le isole della laguna di
Venezia? .........................................

VII Abbiamo già sorvolato gli Appennini e ora siamo vicini a Bologna

1 Abbiamo già sorvolato le cime delle montagne .........................................

2 ......................................... e ora siamo vicini a Venezia

3 Abbiamo già passato il Po .........................................

4 ......................................... e ora arriviamo all'aeroporto

5 Siamo partiti cinquanta minuti fa.........................................

6 ......................................... e arriveremo tra cinque minuti

7 Abbiamo fatto un buon volo .........................................

## Notes

| | |
|---|---|
| sotto di noi | beneath us |
| Che bellezza! | How beautiful! How marvellous! |
| Abruzzo | a mountainous region east of Rome |
| come mai? | how on earth? why on earth? |
| dalla mattina alla sera | from morning till night |
| ci siamo! | we're there! |

> *dev'essere...*
> *devono essere...*
> must be...

| | |
|---|---|
| *Quella città là dev'essere Bologna* | That town there must be Bologna |
| *Devono essere le risaie* | They must be the rice fields |

### Reflexive Verbs

The reflexive pronouns:

| | |
|---|---|
| *mi* | myself |
| *ti* | yourself |
| *si* | himself, herself, yourself |
| *ci* | ourselves |
| *vi* | yourselves |
| *si* | themselves |

Reflexive verbs are much more common in Italian than in English ('to enjoy oneself' is an example of an English reflexive verb). Here are two very important reflexive verbs: *ricordarsi*, to remember, and *divertirsi*, to enjoy oneself. (Note the infinitive of reflexive verbs. The reflexive pronoun *si* is added to the ordinary infinitive which drops its final *e*).

| *ricordarsi* | *divertirsi* |
|---|---|
| mi ricordo | mi diverto |
| ti ricordi | ti diverti |
| si ricorda | si diverte |
| ci ricordiamo | ci divertiamo |
| vi ricordate | vi divertite |
| si ricordano | si divertono |

*Mi diverto molto a sciare*
I enjoy skiing very much
*Ti ricordi della gita all'isola d'Elba?*
Do you remember the trip to the island of Elba?
*Carla si diverte in aereo*
Carla enjoys being in an aeroplane
*Vi ricordate dell'incubo di Ernesto?*
Do you remember Ernesto's nightmare?
*Ricordarsi* is usually followed by *di*
*Divertirsi* is always followed by *a*

# 24ᵃ lezione  *Mattina a Venezia*

Venezia si è svegliata in una mattina di sole. I colombi volano sopra la Piazza San Marco. Nei canali c'è un grande traffico di gondole e motoscafi, e le calli sono affollate e rumorose di voci. Ernesto si è alzato di buon'ora, si è vestito in fretta ed è uscito per fare una passeggiatina. Ha comprato i giornali, carta da lettere e buste; ed è di nuovo nella sua camera. Chiama Carla al telefono.

*Ernesto* Per piacere, vorrei la camera numero 93. Grazie.

*Carla* Pronto. Chi è?

*Ernesto* Buongiorno, Carla. Bene alzata!

*Carla* Ma che ore sono Ernesto? Le sei?

*Ernesto* Sono già le 10 e qualcosa.

*Carla* Davvero? Mi sento così stanca; sono stanca morta.

*Ernesto* Si capisce. Ieri notte abbiamo fatto le ore piccole. Sei pronta?

*Carla* Pronta? Mi alzo ora.

*Ernesto* Ma Carla mi annoio, e ti aspetto per la colazione. Ho una fame da lupi. È una giornata magnifica. Fuori c'è il sole. Facciamo colazione sulla terrazza?

*Carla* Bene. Mi alzo, mi lavo, mi vesto—e sono da te.

*Ernesto* Fai presto?

*Carla* Certo. Tra un attimo sono pronta.

*   *   *

*Ernesto* Ho letto tutti i giornali, ho scritto qualche lettera, e Carla non è ancora venuta...Telefono un'altra volta. Pronto? Vorrei la camera numero 93, per favore. Grazie.

*Carla* Pronto. Sei tu Ernesto?

*Ernesto* Ma Carla...

*Carla* Senti, mi sono vestita. Mi pettino e in cinque minuti sarò pronta.

*Ernesto* Ti ricorderai di portare la macchina fotografica? Il Canal Grande stamani è magnifico.

*Carla* Ci sono tante gondole?

*Ernesto* Sì. I gondolieri vanno e vengono continuamente. Dalla terrazza vediamo bene il Ponte di Rialto.

*Carla* Arrivo subito.

*Ernesto* Ho già ordinato la colazione. Abbiamo un programma denso oggi. Andremo a Murano col vaporetto, e poi al Lido in gondola. E stasera al Casinò. Ti piace il programma?

*Carla* Magnifico! Sono contentissima.

I Si sveglia di buon'ora?    Sì, mi sveglio sempre di buon'ora

1 Si alza alle sei?    ................................................
2 Si veste elegante?    ................................................
3 Si annoia da solo?    ................................................
4 Si sente bene?    ................................................


II Si alza presto?    No, ma qualche volta mi sono alzato
                      presto

1 Si sveglia stanco?    ................................................
2 Si veste in abito da sera?    ................................................
3 Si diverte all'ufficio?    ................................................
4 Si annoia in vacanza?    ................................................

Vi annoiate dal parrucchiere?    No, ma qualche volta ci siamo
                                 annoiati dal parrucchiere

5 Vi sentite male in aereo?    ................................................
6 Vi divertite d'inverno?    ................................................
7 Vi svegliate con una fame da    ................................................
   lupi?


III Oggi siamo in vacanza    Ma domani non saremo più in
                             vacanza

1 Oggi ci alziamo alle dieci    ................................................
2 Oggi facciamo colazione sulla    ................................................
   terrazza
3 Oggi ci divertiamo in gondola    ................................................
4 Oggi andiamo al Lido    ................................................
5 Oggi prendiamo il sole    ................................................
6 Oggi ci sentiamo felici    ................................................


IV Don Luigi si sveglia all'alba    Anche domani si sveglierà all'alba

1 Don Luigi si alza di buon'ora    ................................................
2 Don Luigi si lava nell'acqua    ................................................
   fredda
3 Don Luigi si sente bene    ................................................
4 Don Luigi si annoia di sera    ................................................

V Si alza subito?   Sì, tra un attimo mi alzo e sono da Lei

1 Si veste subito?   ..............................................
2 Mangia subito?   ..............................................
3 Esce subito?   ..............................................

VI È arrivata la gondola?   No, non è ancora arrivata

1 È venuto il gondoliere?   ..............................................
2 Si è svegliata la città?   ..............................................
3 Sono affollate le calli?   ..............................................
4 È partito il vaporetto per il Lido?   ..............................................
5 È aperto il Casinò?   ..............................................

VII È uscito per fare una passeggiatina

1 Si è vestito..............................................
2 ..............................................per andare in gondola
3 È andato al Ponte di Rialto..............................................
4 ..............................................per comprare i giornali
5 Non abbiamo tempo..............................................
6 ..............................................per fare spese
7 Siamo pronti..............................................
8 ..............................................per andare in Piazza San Marco
9 Ci vogliono cinque minuti..............................................
10 ..............................................per fare colazione

## Notes

| | |
|---|---|
| la calle | The narrow streets of Venice are called *calli* |
| di buon'ora | early |
| di nuovo | once again |
| bene alzato! (alzata) | good morning, when greeting someone who has just got up |
| stanco morto | dead tired, exhausted |
| fare le ore piccole | to stay out (up) late |
| fare colazione | to have breakfast |
| e sono da te | and I'll be with you |
| Murano | an island in the lagoon famous for its glass factories |
| il vaporetto | the passenger boat of Venice |

## More reflexive verbs:

| | | |
|---|---|---|
| (svegliarsi) | *mi sveglio* | I wake up |
| (alzarsi) | *mi alzo* | I get up |
| (lavarsi) | *mi lavo* | I wash |
| (vestirsi) | *mi vesto* | I dress |
| (pettinarsi) | *mi pettino* | I comb my hair |
| (annoiarsi) | *mi annoio* | I get bored |
| (sentirsi) | *mi sento* | I feel |

Note that in the past tense reflexive verbs require *essere*:

Mi sono svegliato alle sette

Si è alzato alle sette e mezzo

*Vi siete annoiati?

*Si sono sentiti bene ieri

*Of course the past participle after *essere* must agree with the subject:

Venezia si è svegliata in una mattina di sole

Carla dice: "Mi sono vestita."

## *Con* and the article:

*con +il=col*

*Andremo a Murano col vaporetto*

We'll go to Murano in the passenger boat

Otherwise *con* does not usually combine with the article

# 25<sup>a</sup> lezione   *Al Casinò*

Oggi Venezia è la città più bella del mondo. Dopo la gita a Murano, Ernesto e Carla sono andati al Lido per fare il bagno. Poi hanno preso il vaporetto per tornare all'albergo. Dopo una cena in un ristorante tipico sono di nuovo al Lido, e vanno al Casinò per giocare. Carla indossa un elegante abito da sera. Ernesto è in smoking...

*Ernesto*   Carla, il tuo abito è il più bello di tutti.

*Carla*   Grazie, Ernesto. Mi sento felice. Questa è la sera più bella della mia vita. Anche tu stai bene. Sei più elegante di quel signore con lo smoking viola.

*Ernesto*   Quel signore mi ricorda qualcuno.

*Carla*   Sì, è un attore americano. Come si chiama? Non mi ricordo.

*Ernesto* È un po' più ricco di noi, non c'è dubbio.

*Carla* Ma è più vecchio di noi.

*Ernesto* Vorrei giocare a questo tavolo; è meno affollato degli altri. Ci sono meno giocatori.

\*    \*    \*

*Carla* Io gioco lo zero.

*Ernesto* Ed io gioco il 36.

*Carla* La roulette gira! Speriamo bene. Fai le corna?

*Ernesto* Trentasei! Hai visto! Mamma mia, 36 mila lire! Mi sento in forma. Gioco un'altra volta sul 36. È il mio numero.

*Carla* Hai visto quella bella signora bionda che è venuta ora? La conosco, sai.

*Ernesto* Certo. È bellissima. Anche lei fa l'attrice, è veneziana.

*Carla* È tanto bella! Certo è più bella di me.

*Ernesto* Io penso di no.

*Carla* Però ha un abito più originale del mio. Ha una bella pettinatura. Domani andrò dal parrucchiere. Ho bisogno di una messa in piega.

*Ernesto* E allora sarai la più bella donna d'Italia.

*Carla* Via, Ernesto! Esageri...Oh! Hai visto? È venuto lo zero.

*Ernesto* Allora, hai vinto.

*Carla* No, questa volta ho giocato il 15. Bisogna giocare ancora.

\*    \*    \*

*Carla* Oh che sfortuna! 21, ed io ho giocato il 22!

*Ernesto* Abbiamo perduto più di 25 mila lire. Abbiamo bisogno di vincere.

*Carla* Gioco per l'ultima volta. Posso?

*Ernesto* Certo.

*Carla* Sai, la roulette mi piace più del totocalcio.

*Ernesto* Ma hai più fortuna quando giochi al totocalcio. Hai visto? Hai perduto un'altra volta.

| I Io sono molto vecchio | Ma quel signore è più vecchio di me |
|---|---|
| 1 Lei è molto bionda | Ma quella ragazza........................ |
| 2 Lui è molto sveglio | Ma il mio nipotino........................ |
| 3 Noi siamo molto felici | Ma i gondolieri ........................... |
| 4 Voi siete molto fortunati | Ma quelle signore........................ |
| 5 Loro sono molto beati | Ma i colombi veneziani................. |

II Quest'albergo è troppo affollato     Ma è meno affollato di quello

1 Questo vestito è troppo caro    ......................................................
2 Questa camera è troppo piccola    ......................................................
3 Questo vino è troppo dolce    ......................................................
4 Questi abiti sono troppo scuri    ......................................................
5 Queste macchine sono troppo vecchie    ......................................................
6 Questi signori sono troppo ricchi    ......................................................
7 Queste sigarette sono troppo forti    ......................................................

III Non c'è una donna più bella in Italia     È la donna più bella d'Italia

1 Non c'è un abito più originale a Firenze    ......................................................
2 Non c'è una gondola più elegante a Venezia    ......................................................
3 Non c'è uno studio più simpatico al mondo    ......................................................
4 Non c'è una città più bella al mondo    ......................................................
5 Non c'è una lingua più bella al mondo    ......................................................
6 Non c'è un uomo più ricco in America    ......................................................

IV Quell'attore è molto ricco     Non c'è dubbio, è richissimo

1 Quel gondoliere è molto allegro    ......................................................
2 Quel giocatore è molto fortunato ......................................................
3 I motoscafi sono molto veloci    ......................................................
4 Le veneziane sono molto bionde    ......................................................

V Ho bisogno di una messa in piega     Ah sì? C'è un parrucchiere all'angolo

1 Ho bisogno di un caffè    ......................................................
2 Ho bisogno di un pachetto di sigarette    ......................................................
3 Ho bisogno di un giornale inglese    ......................................................

4 Ho bisogno di una camera per la notte .................................................

5 Ho bisogno di un bel piatto di spaghetti .................................................

VI Ho bisogno di far ingrassare la macchina     Purtroppo non c'è un garage vicino

1 Ho bisogno di mangiare un bel pollo alla cacciatora .................................................

2 Ho bisogno di comprare qualche ricordo di Venezia .................................................

3 Ho bisogno di mandare un pacco in Inghilterra .................................................

4 Ho bisogno di vedere un film stasera .................................................

5 Ho bisogno di giocare alla roulette .................................................

---

**che**

---

VII Ha visto quella signora bionda che è venuta ora?

1 Ha visto quell'attrice americana .................................................

2 .................................................che indossa l'abito di seta?

3 Conosce quella signorina .................................................

4 .................................................che gioca lo zero?

5 È la prima volta.................................................

6 .................................................che gira nelle calli di Venezia

7 C'è una folla di turisti.................................................

8 .................................................che va al Lido

9 Questo è l'ultimo vaporetto.................................................

## Notes

| | |
|---|---|
| anche tu stai bene | you look well too |
| non c'è dubbio | there's no doubt (about it) |
| speriamo bene | let's hope for the best |
| fai le corna? | are you keeping your fingers crossed? (lit: are you making the horns? i.e. a good luck sign with the first finger and the little finger) |
| aver bisogno di... | to need |
| una messa in piega | a shampoo and set |
| via, Ernesto! | get on with you, Ernesto! |
| è venuto lo zero | the zero has come up |
| un'altra volta | once again |

*Chiamarsi*:

| | |
|---|---|
| *Come si chiama?* | What's his (her, your) name? |
| *Mi chiamo...* | I'm called..., my name is... |

*Ricordare* (to remind) and *ricordarsi* (to remember)

| | |
|---|---|
| *Quel signore mi ricorda qualcuno* | *Non mi ricordo del suo nome* |
| That man reminds me of someone | I don't remember his name |

*Aver bisogno di...* and *bisogna*

  *Ho bisogno di una messa in piega*
I need a shampoo and set
*Bisogna aspettare un po'*, *signora*
You'll have to wait just a little, madam

**Note** that *fare* is used with jobs or professions:

| | |
|---|---|
| *Fa l'attrice* | *Fa il professore a Livorno* |
| She's an actress | He's a teacher at Livorno |

| più | meno |
|---|---|

*Più di:* more than      *meno di:* less than

  *Abbiamo perduto più di venticinque mila lire*
We've lost more than twenty-five thousand lire
*Certo è più bella di me*
Certainly she's more beautiful than I am
*Questo tavolo è meno affollato degli altri*
This table is less crowded than the others

*Sai, la roulette mi piace più del totocalcio*
You know, I like roulette more than the football pools

| |
|---|
| Il più di... |
| La più di... |

*È l'uomo più ricco della terra*
He's the richest man on earth
*Oggi Venezia è la città più bella del mondo*
Today Venice is the most beautiful city in the world
*Il tuo abito è il più bello di tutti*
Your dress is the most beautiful of all

*Taormina e l'Etna*

# 26ª lezione  *Incontro sulla neve*

Quanto Ernesto e Carla sono fortunati! Sono in Sicilia. Si sono fermati a Taormina. Taormina è a circa 1500 chilometri da Venezia, e in questa stagione è il posto più incantevole della terra. In questi giorni c'è il clima più dolce d'Italia; sulle spiaggie siciliane possiamo fare il bagno senza prendere un raffreddore. Ma oggi Ernesto e Carla non faranno il bagno, hanno deciso di andare sull'Etna. C'è ancora un po' di neve in cima, e sono già sui campi da sci. Sciare è uno sport simpatico, ma non è tanto facile.

*Ernesto* Carla dove sei? Non ti vedo, Carla!

*Carla* Vieni qua! Ho una gamba rotta! Non mi vedi? Sono caduta. Non posso muovere le gambe.

*Ernesto* Non ti preoccupare. Ti aiuto io.

*Carla* Vieni, vieni! Presto! Ma fa' attenzione. Non cadere!

*Ernesto* Guarda! Ora ti mostro il mio stile. Mi sento in forma. Faccio due curve e sono da te.

*   *   *

*Purtroppo tutta l'abilità di Ernesto è inutile. La discesa è ripida. Va verso Carla, cerca di curvare, cerca almeno di fermarsi, ma invano. Va diritto, sbatte contro Carla e cade.*

*Carla* Ernesto, ma che fai?

*Ernesto* Ohi, ohi! Ho battuto la testa.

*Carla* Cos'hai fatto? Non spingere! Ho la bocca piena di neve.

*Ernesto* Ohi, ohi! Ho un occhio gonfio.

*Carla* Ahi, ahi! Ho il naso gelato.

*Ernesto* Ahi, ahi, ahi! Ho la schiena rotta.

*Carla* Ernesto, attento! Guarda, quel pazzo viene giù a novanta! Come va forte!

*Ernesto* È tutto vestito di nero. Aiuto!

*Carla* Aiuto!

*L'Uomo in Nero* (*arriva con grande stile e si ferma vicino ai due malcapitati*) Che è successo? Vi posso aiutare?...Ecco fatto, signorina!

*Carla* Don Luigi! Lei qui sulla neve?

*Don Luigi* Signorina Carla, che piacere! È una vera sorpresa.

*Ernesto* Aiuto!

*Carla* Ma come scia bene, reverendo.

*Don Luigi* Eh, mia cara, Lei non sa che io sono stato cappellano militare negli Alpini.

*Ernesto* Ma chi è? Aiuto! Senti, Carla, non mi lasciare sotto la neve.

*Carla* Ecco perchè Lei scia come un campione, reverendo.

*Ernesto* Non andare via! Non mi abbandonare! Non respiro...
*Don Luigi* Non sono un campione, ma so sciare. Va bene, signorina
Carla, tiriamo fuori questo poverino. Buongiorno, Ernesto!
*Carla* Ernesto, da' la mano a Don Luigi, così ti tira su.
*Ernesto* Ma chi è? Batman?—Oh, Don Luigi!

I Non guardare le bionde!

Guarda le bionde!

1 Non fumare! .................................................
2 Non ballare il tango! .................................................
3 Non bere il vino! .................................................
4 Non fare il bagno! .................................................
5 Non andare via! .................................................
6 Non prendere gli sci! .................................................
7 Non aiutare Ernesto! .................................................
8 Non guardare quel pazzo! .................................................

II Fuma le mie sigarette!

Non fumare le mie sigarette!

1 Apri la finestra! .................................................
2 Chiudi la porta! .................................................
3 Lava la macchina! .................................................
4 Compra quella bicicletta! .................................................
5 Abbandona la barca! .................................................
6 Spingi più forte! .................................................
7 Va veloce! .................................................
8 Vieni a casa mia! .................................................

III Compra una macchina nuova?

Sì, ho deciso di comprare una macchina nuova

1 Va in Sicilia? .................................................
2 Resta a Taormina? .................................................
3 Scia sull'Etna? .................................................
4 Impara a sciare? .................................................
5 Prenotate due camere? .................................................
6 Telefonate alle otto? .................................................
7 Viaggiate insieme? .................................................
8 Partite in aereo? .................................................
9 Visitate tutte le città d'Italia? .................................................
10 Comprate qualche ricordo? .................................................

IV Ha speso tutti i soldi?    Non posso uscire senza spendere
                              tutti i soldi

1 Ha dimenticato l'ombrello? ..................................................
2 Ha preso un raffreddore? ..................................................
3 È andato al cinema? ..................................................
4 Ha portato il cane? ..................................................
5 Ha fatto spese? ..................................................
6 Ha telefonato a qualcuno? ..................................................

V Andare in Italia è affascinante   Ecco perchè cerco di andare in Italia

1 Parlare italiano è utile ..................................................
2 Imparare un'altra lingua è
   divertente ..................................................
3 Sciare è uno sport simpatico ..................................................
4 Diventare ricco è sempre
   possibile ..................................................

VI Possiamo fare il bagno senza prendere un raffreddore

1 ..................................................senza avere i piedi gelati
2 Non è possibile sciare..................................................
3 ..................................................senza cadere
4 Don Luigi fa due curve..................................................
5 ..................................................senza avere paura
6 Non vado mai dal dottore..................................................
7 ..................................................senza prendere un raffreddore
8 Il gatto va fuori tutta la notte..................................................

## Notes

| | |
|---|---|
| sulla neve | in the snow |
| Taormina è a circa 1500 chilometri da Venezia | Taormina is nearly 1500 kilometres from Venice |
| in cima | on the mountain top |
| fare attenzione | to pay attention; to be careful |
| ho battuto la testa | I've banged my head |
| ho la bocca piena di neve | my mouth's full of snow (Note that with parts of the body, the possessives are rarely used) |
| ecco fatto! | that's it! |
| sono stato cappellano militare negli Alpini | I was a chaplain in the *Alpini:* the *Alpini* are the Alpine soldiers who have to be able to ski. |

|  | They wear a green Robin Hood hat with a capercailzie feather. |
| la mano | note that *mano* is feminine, although it ends in *-o* |

## Imperative: *tu* form

| First conjugation | Second conjugation | Third conjugation |
| *Guarda!* Look! | *Corri!* Run! | *Senti!* Listen! |

Note: the *tu* imperative is the same as the *tu* form of the present tense, except for first conjugation verbs, which have the ending *-a*. Three irregular imperatives in this form are:

| (*andare*) | va'! |
| (*fare*) | fa'! |
| (*dare*) | da'! |

## Negative imperative: *tu* form

| First conjugation | Second conjugation | Third conjugation |
| *Non guardare!* | *Non correre!* | *Non sentire!* |

Note: for the negative form of the *tu* imperative, the infinitive is used.

*Fermarsi:*
   *Si sono fermati a Taormina*
   They stopped at Taormina
   *Quanto tempo si ferma in Italia?*
   How long are you stopping (staying) in Italy?

*Cercare:* to try
Note that it has *di* before the infinitive:
   *Ernesto cerca di fermarsi*
   Ernesto tries to stop

# 27ª lezione *Al mercato di Napoli*

Dopo l' incidente sulla neve e i bagni a Taormina Carla e Ernesto sono partiti per Napoli. Hanno preso l'autopullman fino a Messina e hanno attraversato lo Stretto col traghetto. Col treno hanno seguito tutta la costa montagnosa del basso Tirreno. Tra una galleria e l'altra hanno visto sempre un mare azzurro e mille piccole spiaggie deserte tra gli scogli a picco sul mare. Alla piccola stazione di Paestum sono scesi per visitare i templi greci e dopo un paio di ore sono saliti sul treno per Napoli. È bello vedere Napoli, ma è anche bello ascoltare la vita napoletana. Ascoltiamo...

> Venga, signora! Guardi che belle mele! Prenda, signore! Signora, compri da me! Signori, comprate le mie specialità! Pomodori, pere, patate, pesche...Soltanto duecento lire al chilo!

*Ernesto*  Napoli è sempre Napoli. Questo è uno dei mercati più straordinari del mondo. È tanto famoso.

*Carla*  Quante cose ci sono! Lo zio Raffaele racconta sempre di questo mercato. Vedrai lo zio Raffaele ad Assisi; è simpaticissimo...Ma guarda quante cose! Polli, pesce, uva, vestiti, lavatrici...

*Ernesto*  E radio, televisori, dischi...

*Scugnizzo*  Signori, volete comprare qualcosa? Qui c'è tutto. Volete una radio giapponese? Volete un frigorifero americano? Vuole un rasoio elettrico, signore? Lo compri!

*   *   *

*Ernesto*  Scommetto che c'è anche un treno!

*Scugnizzo*  Un treno vero? Non si preoccupi. Lo tengo alla stazione, signore. Andiamo!

*Carla*  No, vorrei un treno per un mio nipotino.

*Scugnizzo*  Un trenino, signorina? Costa poco. Soltanto tre mila lire. Venga qua...
Signora Filomena, guardi! Questa signorina vuole un trenino. Costa tre mila lire, vero?

*Filomena*  No, duemilacinquecento.

*Scugnizzo*  Signora Filomena, tre mila! Cinquecento lire per me.

*Filomena*  Va bene. Signorina, quale trenino vuole?

*Carla*  Posso guardare prima?

*Filomena*  Sì, faccia pure.

*Carla*  Senta, signora. Mi dia quel trenino là. Ecco tre mila lire.

*Scugnizzo*  Cinquecento per me, signora! Grazie. Volete vedere Napoli? Vuole una carrozzella, signore? Vada a vedere il lungomare in carrozza. Dal lungomare vedrà Capri e tutto il golfo di Napoli. Vetturino! I signori vogliono vedere Napoli.

*Carla*  Sì, prendiamo la carrozza, Ernesto.

*Scugnizzo*  Va bene, signori. Il vetturino vi porterà a Posilippo, e poi a Marechiaro, e poi a Mergellina, e vi porterà anche sul Vesuvio, se volete. Salite, signori!

I Voglio prendere la carrozzella    Allora prenda la carrozzella!

1 Voglio comprare il trenino    ..............................................

2 Voglio cantare una canzone    ..............................................
   napoletana

3 Voglio parlare con lo scugnizzo .................................................

4 Voglio andare al mercato di .................................................
  Napoli

5 Voglio venire a Mergellina .................................................

6 Voglio dare la mancia .................................................

7 Voglio mettere un disco di .................................................
  musica napoletana

8 Voglio fare una fotografia .................................................

II Devo comprare un rasoio          Lo compri qui!
  elettrico

1 Devo prendere un chilo di .................................................
  pesche

2 Devo comprare due chili di .................................................
  pesce

3 Devo vendere questa vecchia .................................................
  macchina

4 Devo sentire un disco napoletano .................................................

5 Devo far lavare la macchina .................................................

6 Devo prendere l'autopullman .................................................

7 Devo scendere .................................................

III Venga! Guardi che pomodori     Belli! Mi dia un chilo di pomodori
  freschi!

1 Venga! Guardi che patate .................................................
  nuove!

2 Venga! Guardi che uva nera! .................................................

3 Venga! Guardi che triglie vive! .................................................

4 Venga! Guardi che banane .................................................
  gialle!

5 Venga! Guardi che mele .................................................
  deliziose!

6 Venga! Guardi che aranci .................................................
  rossi!

IV È un mercato straordinario     È uno dei mercati più straordinari
                                  del mondo

1 È una veduta meravigliosa .................................................

2 È un porto importante .................................................

3 È una città rumorosa .................................................

4 È un golfo famoso .................................................

V Chi è quel nipotino?               È un mio nipotino italiano

1 Chi è quell'amico?                 .................................................
2 Chi è quel cameriere?             .................................................
3 Chi è quella zia?                  .................................................

VII È bello vedere Napoli, ma è anche bello ascoltare la vita napoletana

1 .................................................ma è anche bello andare sul Vesuvio
2 È bello essere sul mare,.................................................
3 .................................................ma è anche bello sciare sulle montagne
4 È bello navigare, .................................................
5 .................................................ma è anche bello essere a terra
6 È bello volare, .................................................
7 .................................................ma è anche bello fare il giro d'Italia
  in bicicletta
8 È bello prendere il sole, .................................................
9 .................................................ma è anche bello essere a letto

## Notes

| | |
|---|---|
| il basso Tirreno | the lower Tyrrhenian Sea, i.e. all the coast south of Naples. |
| scogli a picco sul mare | cliffs falling sheer into the sea |
| templi | temples (singular: *tempio*; there is another plural form: *tempii*) |
| duecento lire al chilo | two hundred lire per kilo |
| lo zio Raffaele racconta sempre di questo mercato | Uncle Raffaele is always talking about this market |
| uva | grapes (always singular in Italian) |
| la radio | note that *radio* does not change in the plural |
| faccia pure! | please do! |

### Imperatives

The *voi* form of the imperative is the same as the present tense:

| First conjugation | Second conjugation | Third conjugation |
|---|---|---|
| *Guardate!* Look! | *Prendete!* Take (one)! | *Sentite!* Listen! |

The *Lei* form:

| First conjugation | Second conjugation | Third conjugation |
|---|---|---|
| *Guardi!* Look! | *Prenda!* Take (one)! | *Senta!* Listen! |

i.e first conjugation verbs have the ending -*i*, second and third conjugation verbs have the ending -*a*.

Negative:

| | | |
|---|---|---|
| *Non guardi!* | Don't look! | *Non guardate!* |
| *Non prenda!* | Don't take (one)! | *Non prendete!* |
| *Non senta!* | Don't listen! | *Non sentite!* |

Some irregular *Lei* imperatives:

*Dia!* Give!
*Venga!* Come!
*Faccia!* Do!
*Vada!* Go!

*Un mio nipotino*
The possessives can be preceded by *un, una,* etc:

| | |
|---|---|
| *un mio nipotino* | a nephew of mine |
| *un mio amico* | a friend of mine |
| *una nostra amica* | a friend of ours |

# 28ª lezione *Ad Assisi*

Purtroppo Ernesto e Carla sono quasi alla fine del loro giro d'Italia. Sono ospiti dello zio Raffaele ad Assisi. Tutti e due erano molto stanchi quando sono arrivati, ma ora sono seduti sotto la pergola nel giardino dello zio Raffaele e si sentono come a casa.

*Raffaele* Sa, Ernesto, ho viaggiato dappertutto ma soltanto qui ho trovato la pace. Quando avevo cinquant'anni sono tornato ad Assisi e pensavo di trovare il mio paese molto cambiato. In realtà è ancora la città che conoscevo da bambino, e forse non è neanche molto diversa dai giorni di San Francesco. Perfino gli abitanti sembrano gli stessi. Io non sono un santo ma mi sento in paradiso. È una città così mistica, così tranquilla. Adesso ho questo piccolo giardino col panorama di tutta Assisi, e le colline dell'Umbria sono una grande compagnia. Ho la mia vigna, i fiori, e il mio cane da caccia. Lei è un pittore, Ernesto: Lei mi capirà. Ha mai visto Assisi prima d'ora?

*Ernesto* Sì, è già la seconda volta che ci vengo. La conosco abbastanza bene. Quando ero all'Accademia di Belle Arti sono venuto qui per qualche settimana. Studiavo gli affreschi di Giotto nella Basilica.

*Raffaele* Bravo, Ernesto. Domani andremo insieme a rivedere gli affreschi...Dunque, voi avete fatto un bel giro d'Italia, ma forse Ernesto non sa che anch'io faccio il giro d'Italia —e lo faccio ogni sera.

*Ernesto* Ma come? Ogni sera?

*Carla* Ho indovinato, zio! Parli del tuo inferno, vero?

*Ernesto* Ma che cos'è quest'inferno? Non capisco. Carla parlava spesso di Lei e della sua casa ma non ha mai parlato di un inferno.

*Raffaele* L'inferno è la mia cantina.

*Ernesto* Ah! ora capisco.

*Carla* Sì, lo zio è un amatore di vini pregiati.

*Raffaele* Scendiamo nella mia cantina.

\* \* \*

*Raffaele* ...Ecco, qui c'è tutta l'Italia.

*Ernesto* È rappresentata molto bene.

*Raffaele* Sì, ci sono quasi tutti i vini d'Italia dal Piemonte alla Sicilia. E ora a Lei, Ernesto. Scelga il vino per la nostra cena. Vuole?

*Carla* C'è sempre quel Vin Santo di Castellina, zio?

*Raffaele* Certo, cara. Non dubitare.

*Ernesto* Bene, signor Raffaele: scelgo un Soave del Veneto.

*Raffaele* Bravo! È un vino amabile. Ed io scelgo un Vin Nobile di Montepulciano in onore della sua Toscana.

*Ernesto* Grazie. Molto gentile.

*Carla* Allora vado a preparare la cena, zio. Faccio presto.

*Raffaele* Brava! Ci chiamerai quando è pronta?

*Carla* Senz'altro. E mi raccomando, non bevete!

| I Va spesso a Viareggio? | No, ma una volta ci andavo spesso |
|---|---|
| 1 Va spesso al cinema? | ................................................ |
| 2 Viene spesso al mercato di Napoli? | ................................................ |
| 3 Viene spesso a Capri? | ................................................ |

Bevete spesso il Frascati?    No, ma una volta lo bevevamo spesso

4 Mangiate spesso gli gnocchi?    ...............................................

5 Prendete spesso l'aliscafo?    ...............................................

6 Fate spesso il bagno?    ...............................................

II Sa, viaggio dappertutto    Qualche anno fa anch'io viaggiavo dappertutto

1 Sa, ho una piccola vigna    ...............................................

2 Sa, studio all'Accademia di Belle Arti    ...............................................

3 Sa, sono un amatore di vini pregiati    ...............................................

4 Sa, sento che la vita è molto lunga    ...............................................

Sapete, andiamo dappertutto in bicicletta    Qualche anno fa anche noi andavamo dappertutto in bicicletta

5 Sapete, studiamo l'italiano    ...............................................

6 Sapete, abbiamo un cane da caccia    ...............................................

7 Sapete, conosciamo Roma molto bene    ...............................................

III Strano, non ho mai visto gli affreschi di Giotto    Allora domani andremo insieme a vedere gli affreschi di Giotto

1 Strano, non ho mai bevuto il Soave    ...............................................

2 Strano, non ho mai mangiato un piatto cinese    ...............................................

3 Strano, non ho mai comprato un regalo per Tommaso    ...............................................

4 Strano, non ho mai passato la sera in un locale notturno    ...............................................

5 Strano, non ho mai parlato con Don Luigi    ...............................................

6 Strano, non ho mai giocato alla roulette    ...............................................

IV  Ha mai visto Taormina prima d'ora?    No, è la prima volta che la vedo

1  Ha mai bevuto il Vin Nobile di Montepulciano prima d'ora?    ............................................

2  Ha mai visitato la basilica prima d'ora?    ............................................

3  Ha mai studiato gli affreschi prima d'ora?    ............................................

Avete mai visto il panorama di Assisi prima d'ora?    No, è la prima volta che lo vediamo

4  Avete mai mangiato il pollo alla cacciatora prima d'ora?    ............................................

5  Avete mai incontrato lo zio Raffaele prima d'ora?    ............................................

6  Avete mai fatto il giro d'Italia prima d'ora?    ............................................

V  Pensava di trovare il suo paese molto cambiato?    Sì, ma in realtà non era molto cambiato

1  Pensava di trovare la città molto rumorosa?    ............................................

2  Pensava di trovare il cinema molto affollato?    ............................................

3  Pensava di trovare l'albergo molto caro?    ............................................

4  Pensava di trovare il mare molto agitato?    ............................................

5  Pensava di trovare l'italiano molto difficile?    ............................................

6  Pensava di trovare il sole molto forte?    ............................................

VI  Le donne non cambiano    Sono sempre le stesse

1  La vita non cambia    ............................................
2  Gli italiani non cambiano    ............................................
3  Don Luigi non cambia    ............................................
4  La gente non cambia    ............................................
5  Napoli non cambia    ............................................
6  L'amore non cambia    ............................................

VII Tutti e due erano molto stanchi quando sono arrivati ad Assisi

1 Erano appena le tre e mezzo.....................................................

2 ...............................quando hanno cambiato treno

3 Avevano una fame da lupi ...............................................

4 ...............................quando sono usciti dal cinema

5 Il sole andava giù ........................................................

6 ...............................quando sono tornati a casa

7 Venivano dalla vigna col cane....................................................

## Notes

| | |
|---|---|
| il paese | village, home town (also: country, nation) |
| cambiare treno | to change trains |
| pensavo di trovare | I thought I'd find |
| da bambino | as a child |
| Vin Santo | 'holy wine': a mature sweet white wine made mostly in Tuscany |
| Soave | 'mild': a light white wine made in Venetia |
| Vin Nobile | 'noble wine': a rich red wine from *Monte-pulciano*, in Tuscany, quite similar to *Chianti* |
| mi raccomando | make sure...(*mi raccomando, non bevete:* make sure you don't drink) |

### The Imperfect Tense

| *parlare* | *vedere* | *dormire* |
|---|---|---|
| parl-avo | ved-evo | dorm-ivo |
| parl-avi | ved-evi | dorm-ivi |
| parl-ava | ved-eva | dorm-iva |
| parl-avamo | ved-evamo | dorm-ivamo |
| parl-avate | ved-evate | dorm-ivate |
| *parl-avano | *ved-evano | *dorm-ivano |

| *avere* | *essere* |
|---|---|
| avevo | ero |
| avevi | eri |
| aveva | era |
| avevamo | eravamo |
| avevate | eravate |
| *avevano | *erano |

* Notice that in *parlavano* etc. the stress is on the third syllable from the end: *parlávano, vedévano.*

(a) The imperfect is used for descriptions in the past:

   *Pioveva*   It was raining

*Erano molto stanchi quando sono arrivati*
They were very tired when they arrived

(b) It is also used when describing something that happened habitually
and can often be translated by the English 'used to':
*Venivo spesso ad Assisi quando ero studente*
I often used to come to Assisi when I was a student
*In realtà è ancora la città che conoscevo da bambino*
In reality it's still the (same) city that I used to know as a child

Notice that in Italian the present tense is used after *è la prima volta che...*:
*È la prima volta che viene ad Assisi?*
Is this the first time you've come to Assisi?
*È la prima volta che vede Napoli?*
Is this the first time you've seen Naples?

# 29ª lezione *I ricordi dello zio Raffaele*

Lo zio Raffaele è sempre pieno di ricordi; ne parla spesso e volentieri.
Mentre Carla prepara la cena, lo zio Raffaele racconta ad Ernesto
qualche ricordo della sua vita affascinante e avventurosa. Sono ancora
nella cantina...

*Raffaele* ...Allora ero soldato, era le guerra del '15–'18. Avevo
appena diciotto anni. Non conoscevo niente della vita.
Eravamo sulle montagne.

*Ernesto* Sulle Alpi, immagino.

*Raffaele* Sì, sulle Alpi. Marciavamo sotto la pioggia, dormivamo
sulla neve. Faceva tanto freddo. I miei amici morivano
uno dopo l'altro. Sentivo che anche per me la fine era vicina.
Avevo soltanto diciotto anni, ma ero già vecchio: vedevo
nella vita soltanto miseria e morte.

*Ernesto* È stato ferito nella guerra, vero? Carla mi ha detto che
Lei è stato in un ospedale per lungo tempo.

*Raffaele* Eh sì. Per me la guerra era presto finita. Sono rimasto in un
ospedale militare per quasi due anni...Ma come si chiamava
quel napoletano? Non mi ricordo più. Lui mi parlava spesso
dell'America. In America, diceva, tutto era possibile.

\* \* \*

*Panorama di Assisi e della chiesa di
Santa Maria degli Angeli*

Sono partito una mattina dal porto di Napoli. La nave era piena di emigranti, ma a bordo non conoscevo nessuno. Dopo tanti giorni siamo arrivati a New York. Nella città dei grattacieli la gente era ansiosa, nervosa, affrettata. Io ero come loro. Mi vedevo già miliardario. Pensavo solo ai danari, ai dollari...Josephine! Sono partito una mattina per Chicago e non ti ho più vista. Quante partenze ci sono state nella mia vita! Sa, in America viaggiavo sempre, andavo di città in città. Ero dappertutto. Conoscevo gente di tutte le razze della terra. Sono partito da cento stazioni, ho fatto le valigie mille volte. Ho imparato tanti lavori, ho fatto tanti danari. Quante emozioni!

*Ernesto* Che vita affascinante, signor Raffaele. È mai stato nel Texas?

*Raffaele* Sì. Nel Texas ho comprato un cavallo da un cowboy, e non sapevo cavalcare! Quanti anni fa...

*Ernesto* E ora che è tornato al suo paese come si sente, signor Raffaele?

*Raffaele* Vecchio, molto vecchio, ma finalmente felice.

I Quando era in America,     Sì, abitavo a New York
abitava a New York?

2 Quando aveva vent'anni,
la vita le sembrava lunga?    ......................................

3 Quando viaggiava dappertutto,
aveva molti danari?    ......................................

4 Quando eravate sulle Alpi,
faceva tanto freddo?    ......................................

5 Quando partiva da Napoli,
c'erano tanti emigranti?    ......................................

6 Quando era a New York, si
sentiva già miliardario?    ......................................


II Tanti anni fa ero soldato     Tanti anni fa eravamo soldati

1 Tanti anni fa avevo diciotto anni ......................................

2 Tanti anni fa non conoscevo la    ......................................
vita

3 Tanti anni fa marciavo sotto la    ......................................
pioggia

4 Tanti anni fa dormivo sulla neve ......................................

5 Tanti anni fa vedevo soltanto    ......................................
miseria e morte

6 Tanti anni fa viaggiavo di città    ......................................
in città

7 Tanti anni fa ero molto giovane    ......................................


III Durante la guerra ero in un    E come si chiamava l'ospedale?
ospedale

1 C'era un soldato americano    ......................................

2 Cantava sempre la stessa    ......................................
canzone

3 Parlava sempre di sua moglie    ......................................

4 Raccontava spesso del suo paese ......................................

5 Leggeva sempre lo stesso libro    ......................................

6 Avevamo lo stesso dottore    ......................................


IV Chi ha incontrato a bordo?    Non ho incontrato nessuno

1 Chi ha salutato a New York?    ......................................

2 Chi ha visto in città?    ......................................

Chi ha bevuto la birra?    Nessuno l'ha bevuta

3 Chi ha pagato il conto?    ...............................................
4 Chi ha fatto le valigie?    ...............................................
5 Chi ha preparato la cena?    ...............................................
6 Chi ha comprato i vini?    ...............................................
7 Chi ha imbucato le cartoline?    ...............................................

V Siete mai stati sulle Alpi?    Sì, ci siamo stati mille volte

1 Avete mai bevuto il Chianti?    ...............................................
2 Siete mai andati in Sardegna?    ...............................................
3 Avete mai cavalcato?    ...............................................
4 Avete mai ascoltato i ricordi
   dello zio Raffaele?    ...............................................
5 Siete mai stati sugli scogli di
   Capri?    ...............................................

VI Marciavamo sotto la pioggia e dormivamo sulla neve

1 ...................................... e non avevamo l'ombrello
2 La neve cadeva    ...............................................
3 ...................................... e avevamo tanto freddo
4 Eravamo sulla spiaggia del Lido ...............................................
5 ...................................... e prendevamo il sole
6 Passeggiavamo in San Marco    ...............................................
7 ...................................... e ascoltavamo le orchestre

## Notes

| | |
|---|---|
| allora ero soldato | I was a soldier then (the articles can often be omitted with jobs and professions: *È professore:* he is a teacher). |
| la guerra del '15–'18 | the first World War is referred to as *la guerra del '15–'18*, owing to the later entry of Italy into the war |
| sotto la pioggia | in the rain |
| di città in città | from city to city |
| fare le valigie | to pack one's suitcases |

In this lesson there are some more examples of the use of the imperfect and perfect tenses. When zio Raffaele begins speaking, he uses the **imperfect** tense because he is remembering how things **used to be,** and how he **used to feel:**

| | |
|---|---|
| *Ero soldato* | I was a soldier |
| *Eravamo sulle montagne* | We were in the mountains |
| *Marciavamo sotto la pioggia* | We would march in the rain |
| *Dormivamo sulla neve* | We would sleep in the snow |
| *I miei amici morivano…* | My friends were dying… |
| *Vedevo soltanto miseria e morte* | I saw only misery and death |

But notice that when Ernesto wants to ask a question **about a particular event** during those years he uses the **perfect** tense:

| | |
|---|---|
| *È stato ferito nella guerra, vero?* | You were wounded in the war, weren't you? |
| *Carla mi ha detto che…* | Carla (once) told me that… |

# 30ᵃ lezione *Ritorno a Roma*

Ernesto e Carla sono di nuovo a Roma. Ernesto ha accompagnato Carla alla sua città. Il loro giro d'Italia è stato simpaticissimo e pieno di allegria. Adesso continueranno la vita d'ogni giorno. Carla tornerà alla scuola dove insegna, Ernesto tornerà a Livorno a dipingere la sua Toscana e il mare. Sono seduti in un bar di Via Veneto. Marisa è insieme a loro.

*Marisa* Ben tornata, Carla. Ben tornato, Ernesto.

*Ernesto* Grazie, Marisa.

*Carla* Che peccato, il nostro viaggio è terminato.

*Marisa* A proposito, voglio sapere tante cose del vostro viaggio. Vi siete divertiti?

*Carla* Sì, ci siamo divertiti molto, e abbiamo fatto tante cose.

*Marisa* Ma dove siete stati?

*Carla* Siamo stati a Firenze, a Venezia, a Taormina, a Napoli e ad Assisi.

*Ernesto* Siamo andati anche al casinò, abbiamo giocato alla roulette.

*Marisa* Avete vinto un altro milione?

*Ernesto* No, non abbiamo vinto niente. Dobbiamo vincere un'altra volta al totocalcio – per fare il giro del mondo!

*Carla* Che giorno è oggi?

*Ernesto* Venerdì.

*Carla* Allora possiamo ancora giocare per questa settimana.

*Ernesto* Giocheremo alla stazione, nello stesso posto, perchè ci ha portato tanta fortuna.

*Marisa* Vi auguro di vincere ancora. Anzi, posso giocare con voi? Vorrei anche fare il giro del mondo con voi, se volete.

*Ernesto* Benissimo. Prima di partire giocheremo.

\*     \*     \*

*Marisa* Ernesto, ho saputo del suo incubo orribile. Ne ha avuti ancora?

*Ernesto* Per fortuna, no. Per avere un incubo bisogna mangiare 'da Gianni'.

*Marisa* Perchè? 'Da Gianni' si mangia male?

*Carla* No, si mangia benissimo, ma si mangia troppo.

*Ernesto* Perchè non andiamo tutti e tre 'da Gianni'?

*Carla* È un'idea magnifica. Mi sembra una buona conclusione.

*Marisa* Sì, e brinderemo al futuro giro del mondo.

*Ernesto* C'è un proverbio che dice 'non c'è due senza tre'.

*Carla* Vuol dire che faremo un'altro viaggio ancora.

*Marisa* Sì: il giro della luna!

*Ernesto* No, preferisco fare il giro della Toscana. Ma abbiamo già fatto tardi. Andiamo 'da Gianni', allora?

*Una Voce* Oh, chi si vede! Ben tornati a Roma!

*Carla* Buona sera, Don Luigi! Che bella sorpresa!

*Ernesto* Don Luigi, viene con noi 'da Gianni'?

*Don Luigi* Certo. Con voi si sta sempre bene. Con voi ci divertiamo sempre.

| | |
|---|---|
| I Non avete giocato alla roulette? | No, ma prima di partire giocheremo alla roulette |
| 1 Non siete andati in gondola? | ................................................ |
| 2 Non avete fatto il giro delle isole? | ................................................ |
| 3 Non avete visto gli affreschi? | ................................................ |
| 4 Non avete visitato gli Uffizi? | ................................................ |
| Non avete visto il panorama del golfo? | ................................................ |
| 6 Non avete passeggiato sul lungomare? | ................................................ |
| 7 Non siete andati sul Vesuvio? | ................................................ |

| | |
|---|---|
| II Che viaggio abbiamo fatto! | Un giorno faremo un altro viaggio |
| Che vini abbiamo comprato! | Un giorno compreremo altri vini |
| 1 Che vacanza abbiamo avuto! | ................................................ |
| 2 Che cacciucco abbiamo mangiato! | ................................................ |
| 3 Che ricordi abbiamo comprato! | ................................................ |
| 4 Che fotografie abbiamo fatto! | ................................................ |
| 5 Che bella lingua abbiamo imparato! | ................................................ |
| 6 Che coccodrillo abbiamo sognato! | ................................................ |
| 7 Che spiaggie abbiamo conosciuto! | ................................................ |
| 8 Che giro d'Italia abbiamo fatto! | ................................................ |

| | |
|---|---|
| III Si mangia male 'da Gianni'? | No, si mangia bene 'da Gianni' |
| 1 Si spende molto 'da Gianni'? | ................................................ |
| 2 Si vive male in Italia? | ................................................ |

3 Si parla inglese all'albergo
  'Rossini'? .......................................?

4 Si sta male all'albergo? .......................................

IV Guidano veloce in Italia?   Sì, si guida veloce in Italia

1 Mangiano bene a Bologna? .......................................

2 Bevono un buon vino in
  Chianti? .......................................

3 Vivono bene a Capri? .......................................

4 Viaggiano in vaporetto a
  Venezia? .......................................

5 Vendono ogni cosa al mercato
  di Napoli? .......................................

V Vogliamo tornare in Italia   Vi auguro di tornare presto in Italia

1 Vogliamo andare all'isola
  d'Elba .......................................

2 Vogliamo mangiare un
  cacciucco .......................................

3 Vogliamo sciare sull'Etna .......................................

4 Vogliamo fare il giro delle isole .......................................

VI Brindiamo alla Toscana!   Salute! Viva la Toscana!

1 Brindiamo all'Italia! .......................................

2 Brindiamo all'Inghilterra! .......................................

3 Brindiamo agli inglesi! .......................................

4 Brindiamo agli italiani! .......................................

5 Brindiamo a 'Amici, buona
  sera!'

## Notes

| | |
|---|---|
| la vita d'ogni giorno | everyday life |
| ben tornato! | welcome home! |
| voglio sapere tante cose del vostro viaggio | I want to know so much about your trip |
| vi auguro di vincere ancora | I hope that you have another win |
| ho saputo del suo incubo | I heard about your nightmare |
| 'non c'è due senza tre' | 'things always come in threes' |

| | |
|---|---|
| vuol dire... | it means...(*voler dire:* to mean) |
| ma abbiamo già fatto tardi | but we're already late |
| oh, chi si vede? | oh, look who's here! |
| con voi si sta sempre bene | it's always very nice being with you; you're very good company |

## *Ne*

The past participle agrees when *ne* goes before it:

> *Ho saputo del suo incubo orribile. Ne ha avuti ancora?*
> I heard about your nightmare. Have you had any more of them?
> *Quante fotografie ha fatto? Ne ho fatte tre*
> How many photographs have you taken? I've taken three
> *Quanti caffè avete bevuto? Ne abbiamo bevuti due*
> How many coffees have you drunk? We've drunk two

## *Si*

> *'Da Gianni' si mangia bene*
> At 'Gianni's' one eats (you eat) well
> *Qui si parla inglese*
> Here one speaks English (English is spoken here)
> *In Italia si guida a destra*
> In Italy one drives (they drive) on the right
> *Si sta bene all'albergo 'Rossini'*
> One is very comfortable in the 'Rossini' hotel

*Si* is usually used with an impersonal meaning and can often be translated in English by 'one', 'you', or 'people'

*Una piazzetta tranquilla*

# Quale caffettiera vuole?

a. da una tazza
**L400**

b. da tre tazze
**L600**

c. da sei tazze
**L800**

d. da nove tazze
**L1200**

e. da dodici tazze
**L1750**

f. da sei tazze
**L2300**

g. da tre tazze
**L1000**

# Lista del giorno

### Natale 1969

**Antipasti:** Prosciutto e antipasti assortiti £ 150

**Pastasciutta:** Fettuccine al sugo " 200
Lasagne verdi " 250
Agnellotti " 250

**Secondi:** Saltimbocca alla romana " 450
Ossobuco con piselli " 700
Tacchino arrosto " 800
Anguille al pomodoro " 400

**Contorni:** Funghi trifolati " 300
Carciofi alla romana " 200
Spinaci e insalata mista " 150

**Formaggi:** Provolone .
Pecorino romano
Gorgonzola " 150

**Frutta:** Frutta secca e di stagione

**Dolci:** Panettone " 100
Dolci a cucchiaio " 200

**Vini:** Vini dei Castelli romani ___
Bianco Speciale d'Orvieto ___
Frascati ___

coperto e pane £ 200

Antipasti ────────

Pastasciutta – 2  lasagne verdi   £ 500

Secondi      Tacchino arrosto        " 800

             Saltimbocca alla romana " 400 450

Contorni     Funghi trifolati        " 300

             Spinaci                 " 150

Formaggi     ──────

Frutta ────────

Dolci        2, panettone            " 200

Vino         un fiasco d'Orvieto     " 500
                                     ─────
                                      2900
                                     ─────

             pane e coperto           400
                                     ─────
                                      3300

LIVORNO
Il Ponte di Calignaia

Buon Natale
a tutti
Ernesto

Carla

"Amici Buona Sera"
B.B.C.

LONDRA W 1
Inghilterra

**Che ore sono?**

## Giorni festivi per il 1970

| | | | |
|---|---|---|---|
| *Tutte le domeniche* | | Corpus Domini | 28 maggio |
| Capodanno | 1 gennaio | Anniversario della Repubblica | 2 giugno |
| Epifania | 6 gennaio | Ss. Pietro e Paolo | 29 giugno |
| Le Ceneri | 11 febbraio | Assunzione | 15 agosto |
| S. Giuseppe | 19 marzo | Ognissanti | 1 novembre |
| Pasqua | 29 marzo | Anniversario della Vittoria | 4 novembre |
| Lunedì dell'Angelo | 30 marzo | Immacolata Concezione | 8 dicembre |
| Anniversario della liberazione | 25 aprile | Natale | 25 dicembre |
| Festa del lavoro | 1 maggio | S. Stefano | 26 dicembre |
| Ascensione | 7 maggio | | |

<table>
<tr><td>

24 — APR —70

**0226**

ROMA TERMINI

FIRENZE

**LIRE 2750**   2ᴬ CL.
**VALE GIORNI 3**
compreso quello
del rilascio   **FS**

</td><td>

F.S. ⧓ △

Classe 2

## Posto riservato

da **ROMA**

a *Firenze*

N. *R624*

del *24.4.70*

part. ore *06.16*

## POSTO

N. *104*

</td><td>

COMPAGNIA CARROZZE - LETTI
SERVIZIO RISTORO

**CAFFE**

L. 80

6-67

Nᵒ **064251**

</td></tr>
</table>

CC Cuccette
| ✕ | Carrozza ristorante |
| ✦ | Treno con supplemento |
| ♀ | Servizio ristoro |
| ⋮ | Prenotazione obbligatoria |
| ÷ | Fino all '8-XI |
| p. | Partenza |
| a. | Arrivo |

**ROMA-FIRENZE**

|  |  | CC ÷ | CC | ♀ | ♀ | ✕ | ✕ ✦ |
|---|---|---|---|---|---|---|---|
|  |  | 1 e 2 | 1 e 2 | 1 e 2 | 1 e 2 | 1 e 2 | 1 cl. |
| **ROMA Termini** | p.— | 0 01 | 1 52 | 4 20 | 5 15 | 6 16 | 10 47 |
| CHIUSI | p.— | — | — | — | 6 58 | 8 22 | lusso |
| AREZZO | p.— | — | — | — | 7 34 | 9 06 | — |
| **FIRENZE S.M.N.** | a.— | 3 27 | 5 15 | 7 47 | 8 35 | 10 18 | 13 47 |

*Il Settebello è pronto per la partenza*

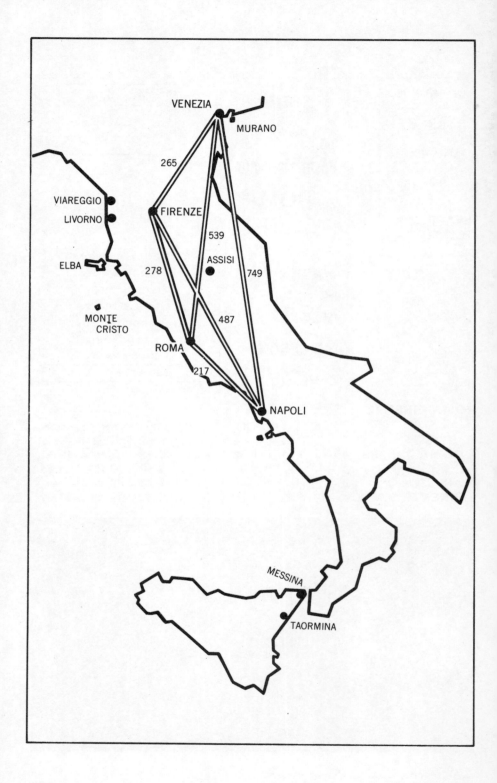

VENEZIA

MURANO

265

VIAREGGIO
LIVORNO

FIRENZE

539

ELBA

ASSISI

278

749

MONTE
CRISTO

487

ROMA

217

NAPOLI

MESSINA

TAORMINA

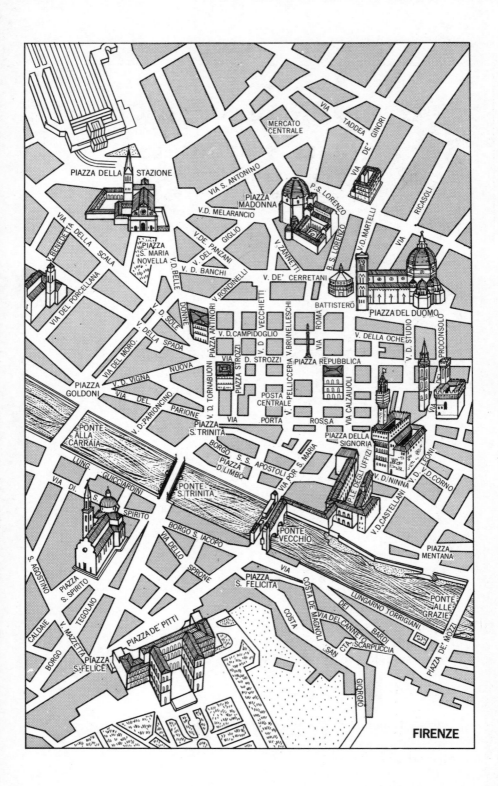

FIRENZE

# OPERA DI S. CROCE

## BIGLIETTO D'INGRESSO

### AL CHIOSTRO, AL MVSEO
### E ALLA CAPPELLA DE' PAZZI

Serie E          № 40384

Lire 150.—

**Notizie Utili**

---

GIPSOTECA CANOVIANA E CASA NATALE DI ANTONIO CANOVA

---

via A. Canova, Possagno.

Orario estivo: 9–12 e dalle 15–18
Orario estivo festivo: 9–12 e dalle 15–19

Orario invernale: 9–12 e dalle 14–17

Chiuso a Capodanno, Pasqua, Natale e tutti i lunedì non festivi.

Ingresso: L150

## Alberghi

**ROSSINI**  II cat., Piazza Garibaldi. Tel 86.942. 8 camere 14 letti. Ristorante.

**ITALIA**  III cat., via Roma, 9. Tel 74.207. 16 camere 28 letti. Trattoria.

**SAN MARCO** IV cat., via Venezia, 22. Tel 74.072. 10 camere 20 letti.

# Key to the drills

## $1^a$ lezione

    I  1 Sta bene 2 Sta bene 3 Sta male

   II  1 Sì, è contenta 2 Sì, è piccolo 3 Sì, è buono 4 Sì, è contenta

 III  1 Ecco il dottore 2 Ecco la signora 3 Ecco il bambino 4 Ecco la signorina 5 Ecco la Toscana 6 Ecco la lezione 7 Ecco Carla

 IV  1 Sì, è romano 2 Sì, è romana 3 Sì, è toscano 4 Sì, è contenta 5 Sì, è bello 6 Sì, è bella 7 Sì, è contento 8 Sì, è fiorentina 9 Sì, è fiorentino 10 Sì, è buono

   V  1 Il bambino è bello 2 La signorina è romana 3 Il reverendo è toscano 4 Don Luigi è buono

## $2^a$ lezione

    I  1–5 Sì, c'è

   II  1 Sì, è a sinistra 2 Sì, è vicino 3 Sì, è a destra

 III  1 Sì, è così fresca 2 Sì, è così simpatico 3 Sì, è così piccolo 4 Sì, è così antica 5 Sì, è così azzurro 6 Sì, è così bello

 IV  1 Sta bene 2 Così e così

   V  1 La signora Martini è simpatica 2 Carla è romana 3 L'acqua è calda 4 La fontana è bella 5 Il cielo è azzurro 6 La madre è contenta

 VI  1 No, è a destra 2 No, è a sinistra 3 No, è a destra

VII  1 No, è italiana 2 No, è italiano 3 No, è italiano 4 No, è italiana 5 No, è italiana

## $3^a$ lezione

    I  1 Che bel sole! 2 Che bel cielo! 3 Che bella piazza! 4 Che bel bambino! 5 Che bella fontana!

   II  1 Che brutto cielo! 2 Che brutta pioggia! 3 Che brutto freddo! 4 Che brutta fontana!

 III  1 Che cielo grigio! 2 Che sole caldo! 3 Che pioggia fredda! 4 Che acqua fresca!

 IV  1 Sì, grazie, vorrei una birra 2 Sì, grazie, vorrei una limonata 3 Sì, grazie, vorrei un'aranciata

   V  1 Una birra, per favore 2 Una limonata, per favore 3 Un'aranciata, per favore

VI 1 Cameriere, un tè, per piacere 2 Cameriere, un caffè espresso, per piacere 3 Cameriere, un gelato, per piacere 4 Cameriere, una birra, per piacere 5 Cameriere, una limonata, per piacere 6 Cameriere, un'aranciata, per piacere

VII 1 Ecco il cappuccino, signora 2 Ecco la limonata, signore 3 Ecco il caffè espresso, signora 4 Ecco l'aperitivo, signore 5 Ecco l'aranciata, signora

VIII 1 È un gelato napoletano 2 È una limonata fredda 3 È un aperitivo amaro 4 È un cappuccino buono 5 È un caffè caldo 6 È un'aranciata fresca

## 4ᵃ lezione

I 1 Non è cara, signora 2 Non costa troppo, signora 3 Non costa troppo, signora 4 Non è cara, signora

II 1 No, non sta bene 2 No, non parla inglese 3 No, non parla italiano 4 No, non vuole un caffè 5 No, non è tedesca

III 1 Sì, vorrei questa penna 2 Sì, vorrei questa cravatta 3 Sì, vorrei questa borsa 4 Sì, vorrei questo libro 5 Sì, vorrei questo rossetto 6 Sì, vorrei questo cappello

IV 1 Costa cinquanta lire 2 Costa quattrocento lire 3 Costa duecento lire 4 Costa novecento lire 5 Costa mille lire 6 Costa seicento lire 7 Costa otto mila lire 8 Costa dieci mila lire

V 1 No, non è una cravatta inglese 2 No, non è un libro italiano 3 No, non è un cappello grigio 4 No, non è un caffè espresso 5 No, non è un vestito azzurro

## 5ᵃ lezione

I 1 Abita in Italia 2 Abita a Roma 3 È a Livorno 4 È a Roma 5 È a Londra 6 Lavora in uno studio 7 Insegna in una scuola 8 È vicino a Piazza di Spagna

II 1 È di Roma 2 È di Livorno 3 È di Firenze

III 1 Sì, è una casa moderna 2 Sì, è un lavoro simpatico 3 Sì, è un pittore livornese 4 Sì, è una maestra romana 5 Sì, è uno scultore italiano 6 Sì, è uno studio pieno di sole 7 Sì, è un amico italiano 8 Sì, è un'amica italiana 9 Sì, è uno studente inglese

IV 1 Eccolo! 2 Eccolo! 3 Eccola! 4 Eccola! 5 Eccola! 6 Eccolo! 7 Eccolo! 8 Eccolo! 9 Eccola!

V 1 Eccola! 2 Eccolo! 3 Eccola! 4 Eccolo! 5 Eccolo! 6 Eccola! 7 Eccolo!

VI 1 Sì, abito a Londra 2 Si, ho una bella casa 3 Si, ho un lavoro simpatico 4 Si, lavoro molto 5 Si, parlo italiano

VII 1 No, non abito a Livorno 2 No, non abito in Italia 3 No, non lavoro in Italia 4 No, non sono un pittore 5 No, non sono uno scultore 6 No, non ho uno zio italiano 7 No, non parlo bene italiano

## 6ª lezione

    I 1 È bellissima 2 È bruttissimo 3 È giallissima 4 È nerissimo 5 È simpaticissima 6 È simpaticissimo 7 È caldissimo 8 È buonissima

    II 1 Oggi non vengo da Lei 2 Oggi non va a Roma 3 Il treno non arriva la mattina 4 Non arriva la sera 5 Non so l'indirizzo 6 La signora non sa l'indirizzo 7 Il cameriere non viene 8 Non vado in macchina

    III 1 Sì, passo da Don Luigi 2 Sì, vado a Roma domani 3 Sì, so l'indirizzo 4 Sì, arrivo a mezzogiorno 5 Sì, vengo in treno 6 Sì, vengo 'da Gianni'

    IV 1 No, non vado in macchina 2 No, non vado a Livorno 3 No, non vengo domani 4 No, non vengo da Don Luigi

    V 1 Fa bel tempo 2 È pieno di sole 3 È sereno 4 È così calmo 5 Sì, piove forte 6 È malinconica 7 È così buio 8 Arriva domani a mezzogiorno

## 7ª lezione

    III 1 Sì, quella macchina mi piace molto 2 Sì, quel negozio mi piace molto 3 Sì, quella borsa mi piace molto 4 Sì, quel modello mi piace molto 5 Sì, quell'orologio mi piace molto

    IV 1 No, vorrei quella macchina 2 No, vorrei quella chitarra 3 No, vorrei quel modello 4 No, vorrei quella teiera 5 No, vorrei quella caffettiera

    V 1 È un bel negozio/Che bel negozio! 2 È un bello specchio/Che bello specchio! 3 È un bello studio/Che bello studio! 4 È un bello zio/ Che bello zio! 5 È un bell'orologio/Che bell'orologio! 6 È un bell'ombrello/Che bell'ombrello! 7 È una bell'italiana/Che bell'italiana! 8 È una bella chitarra/Che bella chitarra! 9 È una bella caffettiera napoletana/Che bella caffettiera napoletana! 10 È una bella macchina fotografica/Che bella macchina fotografica!

    VI 1 Allora la compro 2 Allora lo compro 3 Allora lo compro 4 Allora la compro 5 Allora lo compro 6 Allora la compro

## 8ª lezione

    I 1 Stasera Ernesto mangia 'da Gianni' 2 Stasera noi mangiamo 'da Gianni' 3 Stasera voi mangiate 'da Gianni' 4 Stasera Ernesto e Carla mangiano "da Gianni"

II 1 Anch'io vorrei una cotoletta 2 Anch'io abito a Roma 3 Anch'io
sono inglese 4 Anch'io sono di Londra

III 1 Anche noi siamo italiani 2 Anche noi abitiamo a Milano 3 Anche
noi lavoriamo a Venezia 4 Anche noi abbiamo una fame da lupi

IV 1 No, due cappuccini, per favore 2 No, due minestroni, per favore
3 No, due limonate, per favore 4 No, due aranciate, per favore
5 No, due pastasciutte, per favore

V 1 Ecco le insalate 2 Ecco le pastasciutte 3 Ecco i minestroni 4 Ecco
i pesci 5 Ecco i salami

VI 1 Sì, abbiamo i carciofi, signorina 2 Sì, abbiamo le cotolette alla
milanese, signorina 3 Sì, abbiamo i ravioli, signorina 4 Sì, abbiamo
le lasagne, signorina 5 Sì, abbiamo le olive, signorina 6 Sì, abbiamo
le patatine, signorina

VII 1 No, mi dispiace, non ci sono le cotolette alla milanese 2 No, mi
dispiace, non ci sono i ravioli 3 No, mi dispiace, non ci sono le
lasagne 4 No, mi dispiace, non ci sono le olive 5 No, mi dispiace,
non ci sono le patatine

VIII 1 'Da Gianni' è una piccola trattoria 2 Il padrone è Gianni 3
Gianni è un uomo simpatico e allegro 4 La cuoca è Concetta, la
moglie di Gianni 5 Stasera Ernesto e Carla mangiano 'da
Gianni' 6 Concetta è in cucina

## 9ᵃ lezione

I 1 Gli antipasti sono pronti 2 Gli spaghetti sono pronti 3 Le mele
sono pronte 4 Le banane sono pronte 5 Le pere sono pronte 6 Le
zuppe inglesi sono pronte 7 I gelati sono pronti 8 Le macedonie
sono pronte 9 Gli espressi sono pronti 10 I pesci sono pronti

II 1 Sì, sono ottimi 2 Sì, sono ottimi 3 Sì, sono squisiti 4 Sì, sono
squisite 5 Sì, sono molto saporiti 6 Sì, sono molto saporite

III 1 Che camerieri simpatici! 2 Che vini rossi! 3 Che salami piccanti!
4 Che cotolette speciali! 5 Che pere deliziose! 6 Che mele dolci!
7 Che buone forchette!

IV 1 Sono piccantissimi 2 Sono fortissimi 3 Sono verdissime 4 Sono
piccolissimi 5 Sono cottissimi 6 Sono crudissime 7 Sono vecchis-
sime 8 Sono carissimi

VI 1 Sì, vengo dalla casa di Ugo 2 Sì, vengo dalla chiesa di San Lorenzo 3 Sì, vengo dallo studio di Ernesto 4 Sì, vengo dal bar 'Italia' 5 Sì, vengo dall'albergo 'Rossini' 6 Sì, vengo dallo zoo

## 10ᵃ lezione

I 1 Grazie, ma non bevo birra 2 Grazie, ma non bevo sambuca

3 Grazie, ma non bevo tè  4 Grazie, ma non beviamo grappa  5 Grazie, ma non beviamo cognac

II  1 Ma il padrone non fa niente  2 Ma il commesso non fa niente  3 Ma il cane non fa niente  4 Ma loro non fanno niente  5 Ma le cassiere non fanno niente

III  1 No, arriva alle otto  2 No, viene alle dieci  3 No, va a casa alle due  4 No, mangiano all'una  5 No, arrivano alle quattro

V  1 Anche loro vanno in Sicilia  2 Anche noi andiamo a Palermo  3 Anche loro vanno a Messina  4 Anch'io vado in Sardegna  5 Anche lei va a Cagliari

VI  1 Ma noi lo sappiamo  2 Ma lei lo sa  3 Ma loro lo sanno  4 Ma io lo so  5 Ma Don Luigi lo sa

VII  1 No, non è la mia sambuca  2 No, non è il mio cane  3 No, non sono i miei amici  4 No, non sono le mie patatine

VIII  1 No, mi dispiace, questa è la mia birra  2 No, mi dispiace, questi sono i miei spaghetti  3 No, mi dispiace, queste sono le mie lasagne

## 11ᵃ lezione

I  1 Ma io ho delle sigarette  2 Ma io ho dei fiammiferi  3 Ma io ho delle cravatte  4 Ma io ho dei francobolli

II  1 No, non sentiamo mai la musica la sera  2 No, non guardiamo mai la televisione la sera  3 No, non andiamo mai al cinema la sera  4 No, non facciamo mai una passeggiata la sera  5 No, non beviamo mai il whisky la sera

III  1 Il treno arriva alle due e un quarto  2 Il treno arriva all'una  3 Il treno arriva alle undici e mezzo

V  1 No, prendiamo quello delle otto  2 No, prendiamo quello delle dieci  3 No, prendiamo quello delle sette  4 No, prendiamo quello delle cinque

VI  1 No, non compro niente  2 No, non bevo niente  3 No, non conosco nessuno a Roma  4 No, non vedo nessuno  5 No, non fumo mai  6 No, non dormo mai

VII  1 È presto, posso telefonare alle sei?  2 È presto, posso passare da Lei alle otto?  3 È presto, posso andare alle nove?  4 È presto, possiamo venire alle quattro?  5 È presto, possiamo tornare all'una?

VIII  1 Sì, lo conosco benissimo  2 Sì, la conosco benissimo  3 Sì, la conosciamo benissimo  4 Sì, la conosciamo benissimo  5 Sì, lo conosciamo benissimo

IX  1 Sì, lo so  2 Sì, lo conosco  3 Sì, la conosco

## 12ᵃ lezione

I  1 Perchè non lo dice?  2 Perchè non lo finisce?  3 Perchè non la finite?  4 Perchè non la capite?

III 1 No, lo faccio io 2 No, l'apro io 3 No, la chiudo io 4 No, la ordino
io 5 No, lo ordino io 6 No, la finisco io
IV 1 Non la posso comprare. È bruttissima 2 Non la posso comprare.
È vecchissima 3 Non lo posso dire. È lunghissimo 4 Non lo posso
parlare. È difficilissimo 5 Non lo posso bere. È fortissimo 6 Non lo
posso mangiare. È cattivissimo
V 1 No, peccato, non posso mangiare 'da Gianni' stasera 2 No, peccato, non posso tornare la prossima settimana 3 No, peccato, non
posso andare dal parrucchiere domani 4 No, peccato, non posso
telefonare a mezzanotte

## 13ᵃ lezione

I 1 Perchè fai la fila? 2 Perchè compri il biglietto qui? 3 Viaggi in
treno? 4 Vuoi un ricordo di Roma? 5 Tu sei molto gentile 6 Vieni
dal giornalaio? 7 Vai dal tabaccaio? 8 Hai fame? 9 Sei in
ritardo?
II 1 Ma perchè deve partire oggi? 2 Ma perchè deve viaggiare in
treno? 3 Ma perchè deve fare la fila? 4 Ma perchè deve andare a
Roma? 5 Ma perchè deve andare dal dottore? 6 Ma perchè deve
fumare troppo?
III 1 Allora lo può comprare qui 2 Allora la può imbucare qui 3 Allora
lo può prendere qui 4 Allora lo può pagare qui
IV 1 Purtroppo non potete dormire qui 2 Purtroppo non potete telefonare qui 3 Purtroppo non potete fumare qui
V 1 Spero di no 2 Spero di sì 3 Spero di no 4 Spero di no 5 Speriamo
di sì 6 Speriamo di no 7 Speriamo di sì 8 Speriamo di no 9 Speriamo di sì 10 Speriamo di sì
VI 1, 2, 3,: Penso di sì
4, 5, 6,: Credo di no
VII 1 Va bene, magari lo finisco un altro giorno 2 Va bene, magari lo
faccio un altro giorno 3 Va bene, magari lo prendo un altro giorno
4 Va bene, magari lo guardo un altro giorno 5 Va bene, magari lo
pago un altro giorno 6 Va bene, magari lo porto un altro giorno
7 Va bene, magari torno un altro giorno 8 Va bene, magari vado un
altro giorno

## 14ᵃ lezione

I 1 Va bene, andiamo da lui 2 Va bene, andiamo da Lei 3 Va bene,
andiamo da loro 4 Va bene, andiamo da lei
II 1 Ma quelli sono più originali 2 Ma quelle sono più scure 3 Ma

       quelli sono più corti 4 Ma quelle sono più magre 5 Ma quelle sono
       più bionde 6 Ma quelli sono più scollati

III  1 Le vuole comprare? 2 Lo vuole comprare? 3 Li vuole comprare?
       4 Le vuole comprare? 5 Li vuole comprare?

IV  1 Sì, ci vengo volentieri 2 Sì, ci vado volentieri 3 Sì, ci vado volen-
       tieri 4 Sì, ci vengo volentieri 5 Sì, ci andiamo volentieri 6 Sì, ci
       veniamo volentieri

V  1 Per me è meglio venerdì 2 Per me è meglio lunedì 3 Per me è
       meglio giovedì 4 Per me è meglio mercoledì 5 Per me è meglio
       domenica 6 Per me è meglio domenica sera 7 Per me è meglio
       giovedì pomeriggio 8 Per me è meglio martedì mattina

VI  1 No, preferisco un rosso più chiaro 2 No, preferisco un verde più
       chiaro 3 No, preferisco un grigio più chiaro 4 No, preferisco un
       viola più chiaro

VII  1 Anche in dicembre piove spesso 2 Anche in agosto fa caldo 3 An-
       che in ottobre fa fresco

## 15ᵃ lezione

I  1 Anche ieri ha aspettato tanto 2 Anche ieri ha mangiato dai geni-
       tori 3 Anche ieri ha fatto qualche disegno 4 Anche ieri hanno dor-
       mito tutto il giorno 5 Anche ieri hanno invitato il reverendo 6 An-
       che ieri hanno mangiato gli gnocchi

II  1 No, non abbiamo ancora cenato 2 No, non abbiamo ancora tele-
       fonato 3 No, non abbiamo ancora visto il giardino 4 No, non ab-
       biamo ancora ricevuto la cartolina 5 No, non abbiamo ancora finito
       il pranzo

III  1 No, l'ho già comprata 2 No, l'ho già fatto 3 No, le ho già mangiate
       4 No, li ho già finiti 5 No, le ho già imbucate 6 No, l'ho già bevuto
       7 No, l'ho già visitata 8 No, l'ho già fatto 9 No, l'ho già preparata

IV  1 Sì, adesso comincia a fiorire 2 Sì, adesso comincia a fare il caffè
       3 Sì, adesso comincia a lavorare 4 Sì, adesso comincia a correre 5 Sì,
       adesso comincia a capire l'italiano 6 Sì, adesso comincia a parlare
       inglese

VI  1 Allora abbiamo visto la stessa mostra 2 Allora abbiamo visto gli
       stessi cani 3 Allora abbiamo comprato la stessa borsa 4 Allora ab-
       biamo mangiato nella stessa trattoria 5 Allora abbiamo sentito lo
       stesso programma

## 16ᵃ lezione

II  1 Anche ieri sono uscito (uscita) a mezzogiorno 2 Anche ieri
       sono arrivato (arrivata) alle otto 3 Anche ieri sono venuto (venuta)
       a mezzanotte 4 Anche ieri siamo arrivati all'ora di cena

5 Anche ieri siamo usciti alle cinque 6 Anche ieri siamo andati dalla zia alle quattro

III 1 Anche la settimana scorsa è andata al mare 2 Anche la settimana scorsa non è venuto al terzo binario 3 Anche la settimana scorsa è arrivata in ritardo 4 Anche la settimana scorsa non sono venuti 5 Anche la settimana scorsa non sono usciti 6 Anche la settimana scorsa sono state al mare 7 Anche la settimana scorsa sono usciti insieme 8 Anche la settimana scorsa sono andati a Siena

IV 1 Sì, bisogna prenotare il posto 2 Sì, bisogna scrivere all'agenzia di viaggi 3 Sì, bisogna comprare dei panini 4 Sì, bisogna trovare un facchino 5 Sì, bisogna portare le valigie al deposito-bagagli

V 1 Eccoti! 2 Eccolo! 3 Eccola! 4 Eccoci! 5 Eccovi! 6 Eccoli!

VI 1 Eccolo! 2 Eccola! 3 Eccola! 4 Eccole! 5 Eccoli! 6 Eccoli!

VII 1 Sì, la posso aspettare alle sette 2 Sì, la posso aiutare questo pomeriggio 3 Sì, la invito stasera 4 Sì, la porto alla stazione

VIII 1 No, usciamo alle tre 2 No, escono all'una 3 No, esce alle sei

## 17ᵃ lezione

I 1 No, questa è l'unica uscita di questa stazione 2 No, questo è l'unico giornale di Livorno 3 No, questo è l'unico parrucchiere di questa strada 4 No, questa è l'unica chiesa inglese di Roma

II 1 No, invece è grande 2 No, invece è sempre bello 3 No, invece è antica 4 No, invece è calda 5 No, invece è amaro

V 1 Le piacerebbe visitare le isole stasera? 2 Le piacerebbe prendere l'aliscafo stasera? 3 Le piacerebbe mangiare le triglie stasera? 4 Le piacerebbe pescare stasera?

VI 1 Ne prendo tre 2 Ne faccio quattro 3 Ne compro cinque 4 Ne mangio sei 5 Ne porto sette 6 Ne voglio otto

VII 1 No, ne vorrei quattro, per favore 2 No, ne vorrei cinque, per favore 3 No, ne vorrei sei, per favore 4 No, ne vorrei sette, per favore

VIII 1 Certamente ti accompagno dal dottore 2 Certamente ti capisco bene 3 Certamente ti sento bene 4 Certamente vi aspettiamo al bar 5 Certamente vi accompagniamo a casa 6 Certamente vi capiamo bene

IX 1 Come no! La conosco bene 2 Come no! Lo conosco bene 3 Come no! Li conosco bene 4 Come no! Le conosciamo bene 5 Come no! Li conosciamo bene 6 Come no! Le conosciamo bene

## 18ᵃ lezione

I 1 Sì, è ancora forte 2 Sì, è ancora presto 3 Sì, è ancora buio 4 No, non è ancora l'alba 5 No, non è ancora l'isola d'Elba 6 No, non siamo ancora a Portoferraio

II 1 Meno male, non è forte stamani 2 Meno male, non balla questa volta 3 Meno male, non è rosso come un peperone oggi 4 Meno male, siamo a terra fra mezz'ora 5 Meno male, possiamo fare il bagno tra poco 6 Meno male, siamo nell'acqua tra un momento

III 1 No, l'ho visto la settimana scorsa 2 No, l'ho visto la settimana scorsa 3 No, li ho visti la settimana scorsa 4 No, le ho viste la settimana scorsa 5 No, l'ho vista la settimana scorsa 6 No, li ho visti la settimana scorsa

IV 1 No, non è chiaro, anzi è molto scuro 2 No, non è calmo, anzi è molto agitato 3 No, non fa freddo, anzi fa molto caldo 4 No, non è brutta, anzi è molto bella

V 1 Anzi, mi piacerebbe mangiare il cacciucco ogni giorno 2 Anzi, mi piacerebbe fare il bagno ogni giorno 3 Anzi, mi piacerebbe prendere il sole ogni giorno 4 Anzi, mi piacerebbe andare in barca ogni giorno 5 Anzi, mi piacerebbe partire all'alba ogni giorno

VI 1 Sì, ci sono stato tre anni fa 2 Sì, ci sono stato quattro anni fa 3 Sì, ci siamo stati cinque anni fa 4 Sì, ci siamo stati sei anni fa 5 Sì, ci siamo stati sette anni fa 6 Sì, ci siamo stati otto anni fa

## 19$^a$ lezione

I 1 Sì, gli scrivo volentieri 2 Sì, le dico le notizie volentieri 3 Sì, le telefono volentieri 4 Sì, gli do un regalo volentieri 5 Sì, gli porto il pacco volentieri 6 Sì, gli porto la torta volentieri 7 Sì, le do il cappello volentieri

III 1 Certamente ti scrivo qualche volta 2 Certamente ti telefono stasera 3 Certamente ti presento la signorina 4 Certamente vi scriviamo una cartolina 5 Certamente vi telefoniamo lunedì 6 Certamente vi presentiamo l'imperatore

IV 1 Certamente le dico quando parto 2 Certamente le telefono quando arrivo 3 Certamente le presento il giornalista 4 Certamente le prometto di venire quando sono libero

V 1 Lo dobbiamo vincere 2 Gli dobbiamo scrivere 3 Le dobbiamo telefonare 4 Le dobbiamo leggere 5 Lo dobbiamo incontrare 6 Lo dobbiamo decidere

VI 1 Perchè non mi piace giocare al totocalcio 2 Perchè non mi piace guardare la televisione 3 Perchè non mi piace fare il giro d'Italia 4 Perchè non ci piace leggere i giornali 5 Perchè non ci piace fare il viaggio in bicicletta

## 20ᵃ lezione

I 1 Allora chi canterà? 2 Allora chi suonerà? 3 Allora chi resterà? 4 Allora chi pagherà?

II 1 Sembra che non finiremo mai 2 Sembra che non balleremo mai 3 Sembra che non nuoteremo mai 4 Sembra che non partiremo mai 5 Sembra che non dormiremo mai

III 1 Non ballerò mai con quella signora 2 Non prenderò mai la patente 3 Non canterò mai le canzoni di moda 4 Non finiremo mai i danari 5 Non resteremo mai al verde 6 Non pagheremo mai il conto

IV 1 No, non l'ho mai sentito 2 No, non l'ho mai vista 3 No, non l'ho mai sentita 4 No, non l'ho mai vista 5 No, non li ho mai sentiti

V 1 Non ho mai guidato in vita mia 2 Non ho mai cantato in vita mia 3 Non ho mai suonato il sassofono in vita mia 4 Non sono mai andato in bicicletta in vita mia 5 Non sono mai andato a cavallo in vita mia 6 Non ho mai mangiato gli spaghetti in vita mia

VI 1 Senz'altro la prenderò 2 Senz'altro non l'avrò 3 Senz'altro ci arriverò in tempo 4 Senz'altro ci tornerò 5 Senz'altro ci andremo 6 Senz'altro li balleremo 7 Senz'altro li spenderemo 8 Senz'altro ci torneremo a piedi

## 21ᵃ lezione

I 1 C'è un meccanico? Vorrei far ingrassare la macchina 2 C'è un meccanico? Vorrei far cambiare una gomma 3 C'è un meccanico? Vorrei far cambiare l'olio dei freni

II 1 Va bene, andrò più piano, andrò a novanta 2 Va bene, andrò più piano, andrò a sessanta 3 Va bene, andrò più piano, andrò a centodieci

III 1 Le avrò mercoledì 2 Ci andrò giovedì 3 La daremo venerdì 4 Ci andremo sabato 5 Ci torneremo domenica

IV 1 Lo devo controllare subito 2 Le voglio comprare subito 3 La dobbiamo fare subito 4 Lo dobbiamo trovare subito 5 Lo dobbiamo sorpassare subito

V 1 No, non ci posso andare oggi. Però ci andrò domani 2 No, non la posso lavare oggi. Però la laverò domani 3 No, non posso venire oggi. Però verrò domani 4 No, non lo posso dire oggi. Però lo dirò domani

VI 1 Mamma mia! Non abbiamo più soldi 2 Mamma mia! Non abbiamo più sigarette 3 Mamma mia! Non abbiamo più tempo 4 Mamma mia! Non abbiamo più buoni di benzina

VII 1 Sì, è appena arrivato 2 Sì, è appena arrivato 3 Sì, è appena arrivata 4 Sì, sono appena arrivate 5 Sì, sono appena arrivati 6 Sì, sono appena arrivati 7 Sì, sono appena arrivate

## 22ᵃ lezione

I 1 Purtroppo non abbiamo tempo per vedere il Davide 2 Purtroppo non abbiamo tempo per fare una passeggiata nei vicoli 3 Purtroppo non abbiamo tempo per portare un regalo a Tommaso 4 Purtroppo non abbiamo tempo per telefonare all'agenzia di viaggi 5 Purtroppo non abbiamo tempo per comprare un ricordo di Firenze

II 1 Vedrà com'è bella 2 Vedrà com'è bella 3 Vedrà come sono belle 4 Vedrà come sono belli 5 Vedrà com'è bella 6 Vedrà come sono belli

III 1 Sì, lo vorrei tanto visitare 2 Sì, li vorrei tanto fotografare 3 Sì, la vorrei tanto comprare 4 Sì, le vorrei tanto avere 5 Sì, la vorrei tanto fare 6 Sì, le vorrei tanto sentire

IV 1 No, ma la visiterò la prossima volta 2 No, ma lo troverò la prossima volta 3 No, ma lo conoscerò la prossima volta 4 No, ma la faremo la prossima volta 5 No, ma lo compreremo la prossima volta 6 No, ma la mangeremo la prossima volta 7 No, ma lo impareremo la prossima volta

## 23ᵃ lezione

I 1 Sì, mi diverto davvero a Londra 2 Sì, mi diverto davvero in barca 3 Sì, mi diverto davvero in bicicletta 4 Sì, mi diverto davvero a Portofino

II 1 Come no? Ci divertiamo tanto a pescare 2 Come no? Ci divertiamo tanto a ballare 3 Come no? Ci divertiamo tanto a vivere in campagna 4 Come no? Ci divertiamo tanto a passeggiare nelle strade di notte

III 1 Non mi ricordo mai dello spazzolino 2 Non mi ricordo mai del biglietto 3 Non mi ricordo mai della macchina fotografica 4 Non mi ricordo mai degli occhiali da sole 5 Non ci ricordiamo mai del numero di telefono 6 Non ci ricordiamo mai dell'orario del treno 7 Non ci ricordiamo mai del prefisso di Roma 8 Non ci ricordiamo mai del nome del dottore

IV 1 Ma l'ho già mandato 2 Ma l'ho già imbucata 3 Ma gli ho già scritto 4 Ma li ho già fatti 5 Ma gli ho già telefonato

V 1 No, non l'abbiamo mai avuta 2 No, non l'abbiamo mai visitata 3 No, non li abbiamo mai sorvolati 4 No, non li abbiamo mai dimenticati 5 No, non ci abbiamo mai sciato 6 No, non ci siamo mai stati 7 No, non le abbiamo mai viste

VI 1 Sì, devono essere gli Appennini 2 Sì, dev'essere il delta del Po 3 Sì, devono essere le risaie 4 Sì, devono essere pescherecci 5 Sì, dev'essere Chioggia 6 Sì, devono essere le isole della laguna di Venezia

## 24ª lezione

I 1 Sì, mi alzo sempre alle sei 2 Sì, mi vesto sempre elegante 3 Sì, mi annoio sempre da solo 4 Sì, mi sento sempre bene

II 1 No, ma qualche volta mi sono svegliato stanco 2 No, ma qualche volta mi sono vestito in abito da sera 3 No, ma qualche volta mi sono divertito all'ufficio 4 No, ma qualche volta mi sono annoiato in vacanza 5 No, ma qualche volta ci siamo sentiti male in aereo 6 No, ma qualche volta ci siamo divertiti d'inverno 7 No, ma qualche volta ci siamo svegliati con una fame da lupi

III 1 Ma domani non ci alzeremo più alle dieci 2 Ma domani non faremo più colazione sulla terrazza 3 Ma domani non ci divertiremo più in gondola 4 Ma domani non andremo più al Lido 5 Ma domani non prenderemo più il sole 6 Ma domani non ci sentiremo più felici

IV 1 Anche domani si alzerà di buon'ora 2 Anche domani si laverà nell'acqua fredda 3 Anche domani si sentirà bene 4 Anche domani si annoierà di sera

V 1 Sì, tra un attimo mi vesto e sono da Lei 2 Sì, tra un attimo mangio e sono da Lei 3 Sì, tra un attimo esco e sono da Lei

VI 1 No, non è ancora venuto 2 No, non si è ancora svegliata 3 No, non sono ancora affollate 4 No, non è ancora partito 5 No, non è ancora aperto

## 25ª lezione

I 1 Ma quella ragazza è più bionda di Lei 2 Ma il mio nipotino è più sveglio di lui 3 Ma i gondolieri sono più felici di noi 4 Ma quelle signore sono più fortunate di voi 6 Ma i colombi veneziani sono più beati di loro

II 1 Ma è meno caro di quello 2 Ma è meno piccola di quella 3 Ma è meno dolce di quello 4 Ma sono meno scuri di quelli 5 Ma sono meno vecchie di quelle 6 Ma sono meno ricchi di quelli 7 Ma sono meno forti di quelle

III 1 È l'abito più originale di Firenze 2 È la gondola più elegante di Venezia 3 È lo studio più simpatico del mondo 4 È la città più bella del mondo 5 È la lingua più bella del mondo 6 È l'uomo più ricco d'America

IV 1 Non c'è dubbio, è allegrissimo 2 Non c'è dubbio, è fortunatissimo 3 Non c'è dubbio, sono velocissimi 4 Non c'è dubbio, sono biondissime

V 1 Ah sì? C'è un bar all'angolo 2 Ah sì? C'è un tabaccaio all'angolo 3 Ah sì? C'è un giornalaio all'angolo 4 Ah sì? C'è un albergo all'angolo 5 Ah sì? C'è una trattoria all'angolo

VI 1 Purtroppo non c'è un ristorante vicino 2 Purtroppo non c'è un negozio di ricordi vicino 3 Purtroppo non c'è un ufficio postale vicino 4 Purtroppo non c'è un cinema vicino 5 Purtroppo non c'è un casinò vicino

## 26ª lezione

I 1 Fuma! 2 Balla il tango! 3 Bevi il vino! 4 Fa' il bagno! 5 Va' via! 6 Prendi gli sci! 7 Aiuta Ernesto! 8 Guarda quel pazzo!

II 1 Non aprire la finestra! 2 Non chiudere la porta! 3 Non lavare la macchina! 4 Non comprare quella bicicletta! 5 Non abbandonare la barca! 6 Non spingere più forte! 7 Non andare veloce! 8 Non venire a casa mia!

III 1 Sì, ho deciso di andare in Sicilia 2 Sì, ho deciso di restare a Taormina 3 Sì, ho deciso di sciare sull'Etna 4 Sì, ho deciso di imparare a sciare 5 Sì, abbiamo deciso di prenotare due camere 6 Sì, abbiamo deciso di telefonare alle otto 7 Sì, abbiamo deciso di viaggiare insieme 8 Sì, abbiamo deciso di partire in aereo 9 Sì, abbiamo deciso di visitare tutte le città d'Italia 10 Sì, abbiamo deciso di comprare qualche ricordo

IV 1 Non posso uscire senza dimenticare l'ombrello 2 Non posso uscire senza prendere un raffreddore 3 Non posso uscire senza andare al cinema 4 Non posso uscire senza portare il cane 5 Non posso uscire senza fare spese 6 Non posso uscire senza telefonare a qualcuno

V 1 Ecco perchè cerco di parlare italiano 2 Ecco perchè cerco di imparare un'altra lingua 3 Ecco perchè cerco di sciare 4 Ecco perchè cerco di diventare ricco

## 27ª lezione

I 1 Allora compri il trenino 2 Allora canti una canzone napoletana 3 Allora parli con lo scugnizzo 4 Allora vada al mercato di Napoli 5 Allora venga a Mergellina 6 Allora dia la mancia 7 Allora metta un disco di musica napoletana 8 Allora faccia una fotografia

II 1 Lo prenda qui! 2 Li compri qui! 3 La venda qui! 4 Lo senta qui! 5 La faccia lavare qui! 6 Lo prenda qui! 7 Scenda qui!

III 1 Belle! Mi dia un chilo di patate 2 Bella! Mi dia un chilo di uva

3 Belle! Mi dia un chilo di triglie 4 Belle! Mi dia un chilo di banane 5 Belle! Mi dia un chilo di mele 6 Belli! Mi dia un chilo di aranci

IV 1 È una delle vedute più meravigliose del mondo 2 È uno dei porti più importanti del mondo 3 È una delle città più rumorose del mondo 4 È uno dei golfi più famosi del mondo

V 1 È un mio amico italiano 2 È un mio cameriere italiano 3 È una mia zia italiana

## 28ª lezione

I 1 No, ma una volta ci andavo spesso 2 No, ma una volta ci venivo spesso 3 No, ma una volta ci venivo spesso 4 No, ma una volta li mangiavamo spesso 5 No, ma una volta lo prendevamo spesso 6 No, ma una volta lo facevamo spesso

II 1 Qualche anno fa anch'io avevo una piccola vigna 2 Qualche anno fa anch'io studiavo all'Accademia di Belle Arti 3 Qualche anno fa anch'io ero un amatore di vini pregiati 4 Qualche anno fa anch'io sentivo che la vita era molto lunga 5 Qualche anno fa anche noi studiavamo l'italiano 6 Qualche anno fa anche noi avevamo un cane da caccia 7 Qualche anno fa anche noi conoscevamo Roma molto bene

III 1 Allora domani andremo insieme a bere il Soave 2 Allora domani andremo insieme a mangiare un piatto cinese 3 Allora domani andremo insieme a comprare un regalo per Tommaso 4 Allora domani andremo insieme a passare la sera in un locale notturno 5 Allora domani andremo insieme a parlare con Don Luigi 6 Allora domani andremo insieme a giocare alla roulette

IV 1 No, è la prima volta che lo bevo 2 No, è la prima volta che la visito 3 No, è la prima volta che li studio 4 No, è la prima volta che lo mangiamo 5 No, è la prima volta che lo incontriamo 6 No, è la prima volta che lo facciamo

V 1 Sì, ma in realtà non era molto rumorosa 2 Sì, ma in realtà non era molto affollato 3 Sì, ma in realtà non era molto caro 4 Sì, ma in realtà non era molto agitato 5 Sì, ma in realtà non era molto difficile 6 Sì, ma in realtà non era molto forte

VI 1 È sempre la stessa 2 Sono sempre gli stessi 3 È sempre lo stesso 4 È sempre la stessa 5 È sempre la stessa 6 È sempre lo stesso

## 29ª lezione

I 1 Sì, mi sembrava lunga 2 Sì, avevo molti danari 3 Sì, faceva tanto freddo 4 Sì, c'erano tanti emigranti 6 Sì, mi sentivo già miliardario.

II 1 Tanti anni fa avevamo diciotto anni 2 Tanti anni fa non conoscevamo la vita 3 Tanti anni fa marciavamo sotto la pioggia 4 Tanti
anni fa dormivamo sulla neve 5 Tanti anni fa vedevamo soltanto
miseria e morte 6 Tanti anni fa viaggiavamo di città in città
7 Tanti anni fa eravamo molto giovani.

III 1 E come si chiamava il soldato americano? 2 E come si chiamava
la canzone? 3 E come si chiamava sua moglie? 4 E come si chiamava il suo paese? 5 E come si chiamava il libro? 6 E come si chiamava
il dottore?

IV 1 Non ho salutato nessuno 2 Non ho visto nessuno 3 Nessuno l'ha
pagato 4 Nessuno le ha fatte 5 Nessuno l'ha preparata 6 Nessuno
li ha comprati 7 Nessuno le ha imbucate

V 1 Sì, l'abbiamo bevuto mille volte 2 Sì, ci siamo andati mille volte
3 Sì, abbiamo cavalcato mille volte 4 Sì, li abbiamo ascoltati mille
volte 5 Sì, ci siamo stati mille volte

## 30$^a$ lezione

I 1 No, ma prima di partire ci andremo 2 No, ma prima di partire
lo faremo 3 No, ma prima di partire li vedremo 4 No, ma prima
di partire li visiteremo 5 No, ma prima di partire lo vedremo
6 No, ma prima di partire ci passeggeremo 7 No, ma prima di
partire ci andremo

II 1 Un giorno avremo un'altra vacanza 2 Un giorno mangeremo
un altro cacciucco 3 Un giorno compreremo altri ricordi 4 Un
giorno faremo altre fotografie 5 Un giorno impareremo un'altra
bella lingua 6 Un giorno sogneremo un altro coccodrillo 7 Un
giorno conosceremo altre spiaggie 8 Un giorno faremo un altro
giro d'Italia

III 1 No, si spende poco 'da Gianni' 2 No, si vive bene in Italia 3 No,
si parla italiano all'albergo 'Rossini' 4 No, si sta bene all'albergo

IV 1 Sì, si mangia bene a Bologna 2 Sì, si beve un buon vino in
Chïanti 3 Sì, si vive bene a Capri 4 Sì, si viaggia in vaporetto a
Venezia 5 Sì, si vende ogni cosa al mercato di Napoli

V 1 Vi auguro di andare presto all'isola d'Elba 2 Vi auguro di mangiare presto un cacciucco 3 Vi auguro di sciare presto sull'Etna
4 Vi auguro di fare presto il giro delle isole

VI 1 Salute! Viva l'Italia! 2 Salute! Viva l'Inghilterra! 3 Salute!
Viva gli inglesi! 4 Salute! Viva gli italiani! 5 Salute! Viva 'Amici,
buona sera!'!

# REGULAR VERBS

| FIRST CONJUGATION | SECOND CONJUGATION | THIRD CONJUGATION | |
|---|---|---|---|
| | | a. | b. |
| **parlare** | **vendere** | **dormire** | **capire** |

*Present:*

| | | | |
|---|---|---|---|
| parl-o | vend-o | dorm-o | cap-isco |
| parl-i | vend-i | dorm-i | cap-isci |
| parl-a | vend-e | dorm-e | cap-isce |
| parl-iamo | vend-iamo | dorm-iamo | cap-iamo |
| parl-ate | vend-ete | dorm-ite | cap-ite |
| parl-ano | vend-ono | dorm-ono | cap-iscono |

*Future:*

| | | |
|---|---|---|
| parler-ò | vender-ò | dormir-ò |
| parler-ai | vender-ai | dormir-ai |
| parler-à | vender-à | dormir-à |
| parler-emo | vender-emo | dormir-emo |
| parler-ete | vender-ete | dormir-ete |
| parler-anno | vender-anno | dormir-anno |

*Imperfect:*

| | | |
|---|---|---|
| parl-avo | vend-evo | dorm-ivo |
| parl-avi | vend-evi | dorm-ivi |
| parl-ava | vend-eva | dorm-iva |
| parl-avamo | vend-evamo | dorm-ivamo |
| parl-avate | vend-evate | dorm-ivate |
| parl-avano | vend-evano | dorm-ivano |

*Imperative:*

| | | | |
|---|---|---|---|
| parl-a! | vend-i! | dorm-i! | cap-isci! |
| parl-i! | vend-a! | dorm-a! | cap-isca! |
| parl-ate! | vend-ete! | dorm-ite! | cap-ite! |

*Past participle:*

| | | | |
|---|---|---|---|
| parl-ato | vend-uto | dorm-ito | cap-ito |

**Verbs requiring** *essere* **in the perfect tense** (not including reflexive verbs)

| | | | |
|---|---|---|---|
| andare | morire | rimanere | sembrare |
| arrivare | partire | salire (if used with *in*) | succedere |
| cadere | piacere | scappare | uscire |
| essere | restare | scendere (if used with *da*) | venire |

**Verbs following the pattern of** *capire*:

digerire
finire
fiorire
garantire
ingerire
preferire

# IRREGULAR VERBS

(All forms which are not given are regular)

| | PRESENT | FUTURE | P.P. | IMPERATIVE |
|---|---|---|---|---|
| *andare* | vado, vai, va, andiamo, andate, vanno | andrò | | va', vada, andate |
| *avere* | ho, hai, ha, abbiamo, avete, hanno | avrò | | abbi, abbia, abbiate |
| *bere* | bevo, bevi, beve, beviamo, bevete, bevono | berrò | bevuto | bevi, beva bevete |
| *cadere* | | cadrò | | |
| *dare* | do, dai, dà, diamo, date, danno | darò | dato | da', dia, date |
| *dire* | dico, dici, dice, diciamo, dite, dicono | dirò | detto | di', dica, dite |
| *dispiacere* | like *piacere* | | | |
| *dovere* | devo, devi, deve, dobbiamo, dovete, devono | dovrò | | |
| *essere* | sono, sei, è, siamo, siete, sono | sarò | stato | sii, sia, siate |
| *fare* | faccio, fai, fa, facciamo, fate, fanno | farò | fatto | fa', faccia, fate |
| *morire* | muoio, muori, muore, moriamo, morite, muoiono | | morto | |
| *piacere* | piace, piacciono | | | |

| | | | |
|---|---|---|---|
| *potere* | posso, puoi, può possiamo, potete, possono | potrò | |
| *rimanere* | rimango, rimani, rimane rimaniamo, rimanete, rimangono | rimarrò | rimasto | rimani, rimanga, rimanete |
| *salire* | salgo, sali, sale, saliamo, salite, salgono | | | sali, salga, salite |
| *sapere* | so, sai, sa, sappiamo, sapete, sanno | saprò | | sai, sappia, sapete |
| *scegliere* | scelgo, scegli, sceglie, scegliamo, scegliete, scelgono | | scelto | scegli, scelga, scegliete |
| *stare* | sto, stai, sta, stiamo, state, stanno | starò | | sta, stia, state |
| *tenere* | tengo, tieni, tiene, teniamo, tenete, tengono | terrò | | tieni, tenga, tenete |
| *uscire* | esco, esci, esce, usciamo, uscite, escono | | | esci, esca, uscite |
| *vedere* | | vedrò | visto/veduto | |
| *venire* | vengo, vieni, viene, veniamo, venite, vengono | verrò | venuto | vieni, venga, venite |
| *vivere* | | vivrò | vissuto | |
| *volere* | voglio, vuoi vuole, vogliamo, volete, vogliono | vorrò | | |

# GRAMMAR INDEX

(The numbers given refer to the lessons)

## GLOSSARY

Only the gender of nouns which do not end in *-o* or *-a* is given. It can be assumed that nouns ending in *-o* are masculine, and nouns ending in *-a* are feminine. All exceptions to this rule are indicated.

Abbreviations used:

  m.   = masculine
  f.    = feminine
  sing. = singular
  pl.   = plural
  *adj.*  = adjective
  *adv.*  = adverb
  *n.*   = noun
  inv.  = invariable
  *    = verbs which require *essere* in the perfect tense

Other information given:

  Irregular plurals of nouns
  Irregular past participles
  3rd conjugation verbs with present *-isco*, etc.

The plural of nouns ending in an accented vowel is not incdiated. They are always invariable.

a *at, in, to*
abbandonare *to abandon*
abbastanza *fairly, quite, enough*
abbronzato *bronzed, sun-tanned*
abilità *skill, ability*
abitante (m.) *inhabitant*

abitare *to live*
abito *suit, dress*
abito da sera *evening-dress*
Accademia *Academy, Florence Art Academy (exhibiting Michelangelo's 'David')*

Accademia di Belle Arti *Art School*

accendere (acceso) *to light, switch on*

acceso *lit, shining*

accettare *to accept*

accidenti! *blast!*

*accomodarsi *to make oneself comfortable*

s'accomodi! *sit down, make yourself at home*

accompagnare *to accompany*

acqua *water*

acqua minerale *mineral water*

ad *to, at, in* (only used before a vowel)

adesso *now*

adorare *to adore*

aereo *aeroplane*

aeroporto *airport*

affascinante *fascinating*

affettuoso *affectionate, warm*

affollato *crowded*

affresco *fresco*

affrettato *hurried*

agenzia *agency*

agenzia di viaggi *travel agency*

agitato *rough (sea)*

aiutare *to help*

aiuto *help*

alba *dawn*

albergo *hotel*

aliscafo *hydrofoil*

allegria *joy, happiness*

allegro *cheerful, happy*

allora *then; well!*

alluvione (f.) *flood*

almeno *at least*

Alpi (f.pl.) *Alps*

alpino *Alpine*

alto *high, tall*

altrettanto *the same to you*

altro *other*

*alzarsi *to get up*

amabile *pleasant, light (of wine)*

amaro *bitter*

amatore (m.) *connoisseur, collector*

America *America*

americano *American*

amica *friend, girl-friend*

amichevole *friendly*

amico *friend*

ammazzare *to kill*

anche *also, too, even*

ancora *still, yet*

*andare *to go*

andata *outward journey,*

biglietto di andata *single ticket*

angolo *corner*

. all'angolo *on the corner*

anno *year*

*annoiarsi *to be bored, get bored*

ansioso *anxious*

antichità *ancient building*

antico *ancient*

antipasto *hors d'oeuvres*

anzi *in fact; on the contrary*

aperitivo *aperitif*

aperto *open*

appartamento *flat*

appena *just, just now*

Appennini (pl.m.) *Apennines*

appetito *appetite*

buon appetito! *enjoy your meal!*

appuntamento *appointment*

aprire (aperto) *to open*

aranciata *orangeade*

arancio *orange*

arancione (adj.) *orange*

argento (n.) *silver*

d'argento (adj.) *silver*

armonia *harmony*

*arrivare *to arrive*

arrivo *arrival*

arrivederci *goodbye*

arrosto *roast*
arte (f.) *art*
ascoltare *to listen to*
aspettare *to wait for*
attento *careful*
attenzione (f.) *attention*
  attenzione! *watch out!*
  fare attenzione *to pay attention*
attimo *instant*
atto *act*
attore (m.) *actor*
attraversare *to cross*
attrice (f.) *actress*
augurare *to wish*
auguri! *best wishes!*
autobus (m.) (pl.inv.) *bus*
automatico *automatic*
autopullman (m.) (pl.inv.) *motor-coach*
autostrada *motorway*
autunno *Autumn*
avanti *forward, ahead, up*
avere *to have*
avventura *adventure*
avventuroso *adventurous*
azzurro *blue*

bacio *kiss*
  al bacio! *perfect!*
bagaglio *luggage*
bagno *bath, bathroom, bathe, swim*
ballare *to dance, roll*
ballerino *dancer*
bambino *boy, child*
  da bambino *as a child*
banana *banana*
banco *counter, bench, bank*
  al banco *at the counter*
bar (m.) (pl.inv.) *bar*
barca *boat*
barista (m.) (pl.-isti) *barman*
basso *low, deep*

basta *enough; that's all; stop it!*
battere *to bump, knock*
battistero *baptistery*
beato *fortunate, lucky, blessed*
beh *well...*
bello *lovely, beautiful, nice*
bene *well*
bene! *good!*
benvenuto *welcome*
benzina *petrol*
bere (bevuto) *to drink*
bianco *white*
bicchiere (m.) *glass*
bicicletta *bicycle*
biennale (adj.) *biennial*
  (n.f.) *Biennial Venice Art Exhibition*
biglietteria *ticket-office*
biglietto *ticket*
binario *platform*
biondo *blonde*
birra *beer*
bisognare *to need to*
bisogno *need*
  aver bisogno di *to need*
bistecca *steak*
bloccato *blocked, stuck*
blù *dark blue*
bocca *mouth*
bordo *board*
  a bordo *on board*
borsa *handbag*
bottiglia *bottle*
braccio (pl. le braccia) *arm*
bravo *good*
  bravo! *well done!*
brindare *to drink to, toast*
brutto *nasty, ugly, bad*
bue (m.) (pl. buoi) *ox*
buio *dark, gloomy*
buongiorno *good morning*
buono (adj.) *good*
  (n.) *coupon*

buono di benzina *petrol coupon*
busta *envelope*

caccia *hunting*
cacciatore (m.) *hunter*
cacciucco *Livornese fish-soup*
*cadere *to fall*
caffè (m.) *coffee, café*
caffettiera *coffee-pot*
caffettiera napoletana *Neapolitan coffee-pot*
caldo n. *heat* adj. *hot*
calle (f.) *Venetian alley*
calma n. *calm, peace*
calmo *calm, quiet*
calza *stocking*
cambiare *to change*
cambiato *changed*
camera *room, bedroom*
cameriere (m.) *waiter*
camicetta *blouse*
camion (m.) (pl. inv.) *lorry*
campagna *country, countryside*
campione (m.) *champion*
campo *field*
campo da sci *ski-slope*
canale (m.) *canal*
Canal Grande (m.) *Grand Canal*
cane (m.) *dog*
cane da caccia *hunting-dog*
cantante (m. or f.) *singer*
cantare *to sing*
cantina *cellar, wine-cellar*
capire (-isco) *to understand*
  si capisce *naturally*
capodanno *New Year*
capotavola *at the head of the table*
cappellano *chaplain*
cappello *hat*
cappuccino *cappuccino coffee*
carbone (m.) *coal*
carciofo *artichoke*

carino *nice, pretty*
caro *dear, expensive*
carrozza (*horse and*) *carriage*
carrozzella *carriage*
carta *paper*
carta da lettere *writing-paper*
cartello *sign*
cartolina *postcard*
casa *house, home*
casalingo (adj.) *home, homely, local*
casinò *casino*
cassa *cash-desk, till*
cassiera *cashier*
cassiere (m.) *cashier*
cattivo *bad*
cavalcare *to ride*
cavalleria *chivalry*
cavallo *horse*
  a cavallo *on horseback*
celeste *sky-blue*
cena *supper, dinner*
cenare *to dine, have supper*
centro *centre*
cercare *to look for*
  cercare di *to try*
cerino *wax match*
certamente *certainly, naturally*
  certo *certain, certainly*
cestino *basket, bag*
cestino da viaggio *packed lunch*
che *that, which, who, what*
chi *who*
chiacchiera *gossip*
  fare due chiacchiere *to have a good chat*
chiamare *to call*
*chiamarsi *to be called*
chiaro *clear, light*
chiedere (chiesto) *to ask*
chiesa *church*
chilo *kilo*
chilometro *kilometre*

chitarra *guitar*
chiudere (chiuso) *to shut, close*
chiuso *shut*
ci *us; there, here*
ciao *hullo; goodbye*
cielo *sky, heaven*
ciliegio *cherry-tree*
cima *top, peak*
  in cima *on top*
cinema (m.) (pl. inv.) *cinema*
cinese (*adj.*) *Chinese,* (*n.*) *Chinaman*
  *Chinese language*
cipresso *cypress*
circa *about*
città *city, town*
classe (f.) *class*
clima (m.) (pl. inv.) *climate*
coccodrillo *crocodile*
coda *tail; queue*
colazione (f.) *breakfast*
  fare colazione *to breakfast*
collezione (f.) *collection*
collina *hill*
colombo *pigeon*
colore (m.) *colour*
colpo *blow*
  di colpo *suddenly*
come *as, like, how*
come? *how? what?*
cominciare *to begin*
commessa *shop-assistant*
commesso *shop-assistant*
compagnia *company*
compleanno *birthday*
comprare *to buy*
comunque *anyhow, however*
con *with*
conclusione (f.) *conclusion*
confusione (f.) *confusion*
congratulazione (f.) *congratulation*
conoscere *to know, meet*
contento *content, happy*

continuamente *continually*
continuare *to continue*
conto *bill*
contorno (*cooked*) *vegetable*
contro *against*
controllare *to check*
corno (pl. corna) *horn*
  fare le corna *to cross one's fingers*
correre (corso) *to run*
corridore (m.) *runner, racer, cyclist*
corso *course*
  in corso *in progress*
corto *short*
cosa *thing*
(che) cosa? *what?*
così *so, and so, like that*
  così e così *so-so*
costa *coast*
costare *to cost*
costume (m.) *costume*
costume da bagno *swimsuit*
cotoletta *cutlet, chop*
cotone (m.) *cotton*
cotto *cooked*
cravatta *tie*
creazione (f.) *creation*
credere *to believe*
criticare *to criticise*
crudo *raw*
cucina *kitchen, cooking*
cugino *cousin*
cuoca *cook*
cupola *dome*
curva *turn, curve*
curvare *to bend, turn*

da *from, by, at*
d'accordo *alright, okay*
danaro *money*
dare *to give*
dappertutto *everywhere*
davanti *in front*

davanti a *in front of*
davvero *really*
decidere (deciso) *to decide*
delizioso *delicious*
delta (m.) (p. inv.) *delta*
denso *dense, thick*
dente (m.) *tooth*
deposito-bagagli (m.) *left luggage
    office*
deserto *deserted*
desiderare *to desire, want*
destra *right*
    a destra *on the right*
di *of*
dietro *behind*
difficile *difficult*
digestione (f.) *digestion*
digerire (-isco) *to digest*
dimenticare *to forget*
dipingere (dipinto) *to paint*
dire (detto) *to say, tell*
diritto *straight, straight ahead*
discesa *slope*
disco *record*
disegno *drawing*
dispiacere *to displease*
    mi dispiace *I'm sorry*
distributore (m.) *petrol-station*
*diventare *to become*
diverso *different*
divertente *amusing, enjoyable*
*divertirsi *to enjoy oneself*
divieto *prohibition*
divieto di sosta *no waiting*
dolce (*adj.*) *sweet, gentle*
    (*n.*) *sweet, cake*
dollaro *dollar*
domani *tomorrow*
domenica *Sunday*
donna *woman*
dopo *after, later*
dopodomani *day after tomorrow*

dormire *to sleep*
dormita *sleep, long sleep*
d'oro *golden*
dottore (m.) *doctor*
dove *where*
dovere *to have to*
dubbio *doubt*
    non c'è dubbio *there's no doubt*
dubitare *to doubt*
dunque *well then*
duomo *cathedral*

e *and*
ecco *here (there) is, are*
ed *and* (only used before a vowel)
elegante *elegant, elegantly*
elettrico *electric*
emigrante (m. or f.) *emigrant*
emozione (f.) *excitement*
*entrare *to enter*
esagerare *to exaggerate*
espressione (f.) *expression*
espresso (*adj.*) *express;* (*n.*) *espresso
    coffee*
*essere (stato) *to be*
estate (f.) *summer*
estero *foreign country*
    all'estero *abroad*
etrusco *Etruscan*
evitare *to avoid*

fa *ago*
facchino *porter*
fame (f.) *hunger*
    avere fame *to be hungry*
    avere una fame da lupi *to be
        as hungry as a horse*
famoso *famous*
fare (fatto) *to make, do*
fattoria *farm*
favore (m.) *favour*
    per favore *please*

felice *happy*
ferito *wounded*
fermare *to stop*
*fermarsi *to stay, stop*
fermata *bus-stop*
fermo *firm, at a standstill*
festa *holiday, party*
festeggiare *to celebrate*
fiammifero *match*
figlio *son*
fila *row, queue*
film (m.) (pl. inv.) *film*
finalmente *at last*
fine (f.) *end*
finestra *window*
finire (-isco) *to finish*
finito *finished*
fino a *as far as, till*
fiore (m.) *flower*
fiorentino *Florentine*
fiorire (-isco) *to flower*
Firenze (f.) *Florence*
fischiare *to whistle*
fiume (m.) *river*
folla *crowd*
fontana *fountain*
forchetta *fork*
   buona forchetta *good eater*
forma *form*
   in forma *on form*
formaggio *cheese*
forse *perhaps*
forte (adv.) *hard, fast,* (adj.) *strong*
fortuna *luck, fortune*
fortunato *luck, fortune*
fotografia *photograph*
   fare una fotografia *to take a photo*
fotografico *photographic*
fra *in, among, between*
francese (adj.) *French,* (n.) *French-man, French language*
francobollo *stamp*

Frascati *town near Rome ('Frascati' wine)*
fratello *brother*
freddo *cold*
frenare *to brake*
freno *brake*
fresco *fresh, cool*
fretta *hurry, haste*
   in fretta *in a hurry*
frigorifero *refrigerator*
frizione (f.) *clutch*
frutta *fruit*
fumare *to smoke*
funzionare *to work*
fuori *outside*
futuro *future*

gabbiano *seagull*
galla *blister*
   a galla *afloat, on the surface*
galleria *tunnel*
galleria d'arte *art gallery*
gamba *leg*
   in gamba! *keep well!*
garage (m.) (pl. inv.) *garage*
garantire (-isco) *to guarantee*
gatto *cat*
gelato (n.) *ice-cream,* (adj.) *frozen*
genitore (m.) *parent*
gente (f. sing.) *people*
gentile *kind*
gettone (m.) *token*
ghiaia *pebble*
già *already*
già! *oh yes, of course!*
giallo *yellow*
giapponese (adj.) *Japanese,* (n.) *Japanese, Japanese language*
giardino *garden*
giocare *to play, gamble*
giocatore (m.) *player, gambler*
giornalaio *newsagent*

giornale (m.) *newspaper*

giornalista (m.) (pl. -isti) (f.) (pl. -iste) *journalist*

giornata *day, full day*

giorno *day*

giovane *young*

giovedì *Thursday*

girare *to tour, turn*

giro *ride, tour*
  portare in giro *to take on tour*
  prendere in giro *to take for a ride, to pull someone's leg*

gita *trip, tour, excursion*

giù *down*

giugno *June*

giusto *correct, right*

gnocchi (m. pl.) *dumplings*

gomma *tyre*

gondola *gondola*

gondoliere (m.) *gondolier*

gonfio *swollen*

grammofono *gramophone*

grande *big, large, great*

grappa *grappa*

grattacielo *skyscraper*

grazia *grace, mercy*
  grazie *thanks, thank you*

greco (*adj.*) *Greek*, (*n.*) *Greek language*

grido *shout*
  l'ultimo grido *the latest thing*

grigio *grey*

guanto *glove*

guardare *to look at, to overlook*

guerra *war*

guida *guide, guide-book*

guidare *to drive*

guidatore (m.) *driver*

gusto *taste*

idea *idea*

ieri *yesterday*

imbucare *to post*

immaginare *to imagine*

immediatamente *immediately*

imparare *to learn*

imperatore (m.) *Emperor*

importante *important*

importare *to matter*

in *in, at*

incantevole *enchanting*

incidente (m.) *accident*

incontrare *to meet*

incontro *meeting, encounter*

incredibile *incredible*

incubo *nightmare*

indietro *backwards*

indirizzo *address*

indossare *to wear*

indossatrice (f.) (*fashion*) *model*

indovinare *to guess*

inferno *hell*

informazione (f.) *information*

ingerire (isco) *to swallow*

inglese (*adj.*) *English*, (*n.*) *Englishman, English language*

Inghilterra *England*

ingrassare *to grease*

ingresso *entrance*

insalata *salad*

insegnare *to teach*

insieme *together*
  insieme a *together with*

intanto *meantime*

intelligente *intelligent*

inutile *useless*

invano *in vain*

invece *on the contrary*
  invece di *instead of*

inverno *winter*

invitare *to invite*

invito *invitation*

io *I*

isola *island*

Italia *Italy*

italiano (*adj.*) *Italian*, (*n.*) *Italian*
   *Italian language*

là *there, over there*
laguna *lagoon*
lampione (m.) *street-lamp, lantern*
lasagne (f. pl.) *'lasagne'*
lasciare *to leave*
latino *Latin*
lavare *to wash*
*lavarsi *to wash (oneself)*
lavatrice (f.)˙ *washing-machine*
lavorare *to work*
lavori in corso *road works*
lavoro *work, job*
leggere (letto) *to read*
lei *she*
Lei *you*
lettera *letter*
letto *bed*
   a letto *in bed*
lezione (f.) *lesson*
libero *free*
libertà *freedom*
libro *book*
lido *shore, Venice Lido*
limonata *lemonade*
limpido *clear*
linea *line*
lingua *tongue, language*
lira *lira*
lista *menu, list*
litro *litre*
livornese *Livornese*
Livorno *Leghorn*
locale notturno *night-club*
londinese (*adj.*) *London*, (*n.*) *Londoner*
Londra *London*
loro *they, their, theirs*
lontano *far, far away.*
luce (f.) *light*
lui *he*

luna *moon*
lunedì *Monday*
lungo *long*
lungomare (m.) *sea promenade*
lupo *wolf*
lupo di mare *sea-dog*

ma *but*
maccheroni (m.pl.) *macaroni*
macchina *car, machine*
macchina automatica *slot-machine*
macchina fotografica *camera*
macedonia (di frutta) *fruit salad*
madre (f.) *mother*
maestra *teacher*
maestro *teacher*
magari *perhaps; I wish it were true*
magnifico *magnificent*
magro *thin, skinny*
mai *ever*
   non...mai *never*
malcapitato *unfortunate person*
mal di mare *sea-sickness*
male (*adv.*) *badly*, (*n.m.*) *evil, sickness*
malinconico *melancholy*
mamma *mother*
mamma mia! *my goodness!*
mancia *tip*
mandare *to send*
mangiare *to eat*
mano (f.) (pl. le mani) *hand*
marcia *gear*
marciare *to march*
mare (m.) *sea*
marrone *brown*
martedì *Tuesday*
mattina *morning*
meccanico *mechanic*
meglio *better*
mela *apple*
meno *less*
meno male *it's lucky*

mentre *while*
meraviglia *marvel, miracle*
mercato *market*
mercoledì *Wednesday*
mese (m.) *month*
messa in piega *shampoo and set*
mettere (messo) *to put*
mezzanotte (f.) *midnight*
mezzo *half*
   in mezzo *in the middle*
mezzogiorno *mid-day, noon*
mezz'ora *half an hour*
milanese *Milanese*
miliardario *millionaire*
milione (m.) *million*
militare *military*
minerale *mineral*
minestrone (m.) *vegetable soup*
minuto *minute*
mio *my, mine*
miseria *misery*
mistico *mystical*
moda *fashion*
   di moda *fashionable*
modello *model, dress*
moderno *modern*
modo *way, manner*
moglie (f.) (pl. mogli) *wife*
molto *very, very much; a lot of*
momento *moment*
mondo *world*
montagna *mountain*
montagnoso *mountainous*
monte (m.) *mountain*
monumento *monument, historical monument*
*morire (morto) *to die*
mora *brunette*
moro *Moor, dark-haired person*
morte (f.) *death*
mostra *exhibition*
mostrare *to show, exhibit*

motoscafo *motorboat, launch*
muovere (mosso) *to move*
museo *museum*
musica *music*

napoletano *Neapolitan*
Napoli *Naples*
naso *nose*
naturalmente *naturally, of course*
nave (f.) *ship*
navigare *to sail, go by ship*
ne *of (about) it or them; some*
nè *neither, nor*
neanche *not even, nor*
negozio *shop*
nero *black*
nervoso *nervous*
nessuno *no one*
neve (f.) *snow*
   sulla neve *in the snow*
niente *nothing, no*
nipote (m. or f.) *nephew, niece*
nipotino *little nephew*
no *no*
nobile *noble*
nome (m.) *name*
normale (*adj.*) *normal,* (*n.*) *ordinary petrol*
non *not*
nostro *our, ours*
notizia *news*
notte (f.) *night*
notturno (*adj.*) *night*
nulla *nothing*
numero *number*
nuotare *to swim*
nuovo *new*
   di nuovo *once more*
nuvola *cloud*

occhiali (m.pl.) *spectacles*
occhiali da sole *sun-glasses*

occhio *eye*
odore (m.) *smell*
oggi *today*
ogni *every, each*
olio *oil*
oliva *olive*
olivo *olive-tree*
omaggio *free gift*
ombrello *umbrella*
ometto *little man*
onore (m.) *honour*
oppure *or*
ora (*n.*) *hour, time,* (*adv.*) *now*
   di buon'ora *early*
   ore piccole *small hours*
orario *time-table, time of the train*
orchestra *band, orchestra*
ordinare *to order*
originale *original*
oro *gold*
orologio *clock, watch*
orribile *horrible*
ospedale (m.) *hospital*
ospite (m. or f.) *guest*
ottimo *very good*

pacco *parcel*
pace (f.) *peace*
padre (m.) *father*
padrone (m.) *owner*
paesaggio *landscape*
paese (m.) *nation, country; village,*
   *home-town*
pagare *to pay*
paglia *straw*
pagliaccio *clown*
paio (pl. paia) *pair*
   un paio di ore *a couple of hours*
palazzo *palace*
palla *ball*
pancia *belly*
panino *roll*

panorama (m.) (pl. inv.) *panorama*
pantaloni (m.pl.) *trousers*
Papa (m.) (pl. -i) *Pope*
papà (m.) *father*
paradiso *paradise*
parcheggiare *to park*
parcheggio *car-park*
parente (m. or f.) *relative*
parlare *to speak*
parola *word*
parrucca *wig*
parrucchiere (m.) *hairdresser*
partecipazione (f.) *participation*
partenza *departure*
*partire *to leave, depart*
passaggio *crossing*
passaggio a livello *level-crossing*
passare *to pass, spend* (*time*)
passaporto *passport*
passeggiata *walk*
passeggiatina *little walk*
passo *step, pace*
   a due passi *very near*
pasta *'pasta', dough*
pastasciutta *plate of 'pasta'*
patata *potato*
patatina *potato chip*
patente (f.) *driving-licence*
paura *fear*
   aver paura *to be afraid*
pazienza *patience*
pazienza! *that's life!*
pazzo *mad, crazy*
peccato *sin*
   che peccato! *what a pity!*
pelle (f.) *leather, skin*
pelo *hair*
   per un pelo *by a hair's breadth*
penna *pen*
pensare *to think*
peperone (m.) *red pepper*
per *for; through;* (*in order*) *to*

pera *pear*
perbacco! *good heavens!*
perchè *because*
perchè? *why?*
perdere *to lose*
perfetto *perfect*
perfino *even*
pergola *pergola, arbour*
permettere (permesso) *to allow*
    permette, permettete *allow me*
però *but*
persona *person*
pesca *peach*
pesca (no pl.) *fishing*
pescare *to fish*
pescatore (m.) *fisherman*
pesce (m.) *fish*
peschereccio *fishing-boat*
*pettinarsi *to do one's hair*
pettinatura *hairstyle*
piacere (m.) *pleasure; pleased to*
    *meet you*
  per piacere *please*
piacere *to please*
  mi piace *I like*
  mi piacerebbe *I would like*
pianista (m.) (pl. -isti) *pianist*
  (f.) (pl. -iste)
piano *quiet(ly), slow(ly)*
piatto *plate, dish, course*
piazza *square*
piccante *peppery, strong*
picco *peak*
  a picco *sheer*
piccolo *little*
piede (m.) *foot*
  a piedi *on foot*
  in piedi *standing*
piega *fold*
Piemonte (m.) *Piedmont*
pieno *(adj.) full, (n.) full tank*
pioggia *rain*

piovere *to rain*
pisello *pea*
pittore (m.) *painter*
più *more*
pizza *"pizza"*
pizzo *lace*
po' *little*
poco *little, few*
  fra poco *soon*
poi *then*
polizia *police*
pollo *chicken*
pomeriggio *afternoon*
pomodoro *tomato*
ponte (m.) *bridge, deck*
Ponte Vecchio *'Old Bridge' of*
    *Florence*
Ponte di Rialto *Rialto Bridge,*
    *Venice*
popolo *people*
porta *door, gate*
portabagagli (m. sing.) *porter*
portare *to carry, bring, wear*
porto *port*
possibile *possible*
posta *post*
postale *post(al)*
posto *place, seat*
  a posto *in order*
potere *to be able to*
poverino *poor thing*
povero *poor*
pranzo *lunch*
preferire (-isco) *to prefer*
preferito *favourite*
prefisso *telephone code number*
pregare *to pray, beg*
pregiato *good quality*
prego *you're welcome, thank you*
prendere (preso) *to take*
    prendere il treno *to catch the*
    *train*

prendere un raffreddore *to catch a cold*
prenotare *to book*
*preoccuparsi *to worry*
    non ti preoccupare, non si preoccupi *don't worry*
preparare *to prepare*
presentare *to present, introduce*
presentatore (m.) *announcer, presenter*
presidente (m.) *president*
presto *soon, quick(ly)*
    a presto! *see you soon!*
prigione (f.) *prison*
prigioniero *prisoner*
prima *before, earlier*
prima di... *before...*
prima d'ora *before now*
primavera *Spring*
primo *first*
professore (m.) *teacher*
programma (m.) (pl. -i) *programme*
promettere (promesso) *to promise*
pronto *ready; hullo (on the 'phone)*
proposito *intention*
    a proposito *by the way*
proprio *just, ready, precisely*
prosciutto *ham*
prossimo *next*
prova *test, proof*
provare *to test, to try, to try on*
proverbio *proverb*
purtroppo *unfortunately*

qua *here*
quadro *picture, painting*
qualche *some*
qualcosa *something*
quale *which*
quando *when*
quanto *how much, as much*

quarto *fourth*
quasi *almost*
quello *that*
questo *this*
qui *here*

*raccomandarsi *to advise someone*
    mi raccomando *mind..., make sure...*
raccontare *to tell, relate*
radio (f.) (pl. inv.) *radio*
raffreddore (m.) *cold*
ragazza *girl*
ragazzo *boy*
ragione (f.) *reason*
    aver ragione *to be right*
rapido (*n.*) *express train*, (*adj.*) *rapid*
rappresentato *represented*
rasoio *razor*
razza *race*
realtà *reality*
regalo *present, gift*
regina *queen*
regola *rule*
    in regola *in order*
repubblica *republic*
respirare *to breathe*
*restare *to remain, stay*
restaurare *to restore*
reverendo *reverend, 'padre'*
ricco *rich*
ricevere *to receive*
ricordare *to remind*
*ricordarsi *to remember*
ricordo *memory, souvenir*
*rimanere (rimasto) *to stay, remain*
ripetere *to repeat*
ripido *steep*
risaia *rice-field*
ritardo *delay*
    in ritardo *late*
ritorno *return*

rivedere (rivisto) *to see again*
roba (always sing.) *stuff, things*
Roma *Rome*
romano *Roman*
romantico *romantic*
rompere (rotto) *to break*
rosa (*n.*) *rose*, (*adj.*) (inv.) *pink*
rossetto *lipstick*
rosso *red*
rotolino *film*
rotolino a colori *colour-film*
rotto *broken*
roulette (f.) *roulette*
rumore (m.) *noise*
rumoroso *noisy*
russo *Russian, Russian language*
rusticano *rustic*

sabato *Saturday*
sabbia *sand*
sala *room, hall*
sala d'aspetto *waiting-room*
sala da pranzo *dining-room*
salame (m.) *salami*
salire *to climb*
*salire in *to get into*
*salire su *to get on*
~alutare *to say hullo, goodbye*
~lute (f.) *health*
~~te! *cheers! bless you!*
~o greeting
~safe
~a *aniseed liqueur*
~t (*abbreviation for* santo
~ masculine names*)
~ro *St. Peter, St. Peter's*
~h
~ *sandal*
~*dj.*) *safe, healthy,* (*adv.*) *safely*
~ (*adj.*) *holy,* (*n.*) *saint*
~re *to know, know how to*
~orito *tasty*

Sardegna *Sardinia*
sarta *dressmaker*
sarto *tailor*
sassofonista (m.) *saxophone-player*
sbattere *to hit*
*scappare *to escape, flee*
scarpa *shoe*
scegliere (scelto) *to choose*
scelta *choice*
scendere (sceso) *to descend*
*scendere da *to get out of, down from*
scherzo *joke*
schiena *back*
sci (pl.inv.) *ski*
sciare *to ski*
sciocco *silly*
scioglilingua (m.) (pl.inv.) *tongue-twister*
scoglio *cliff, rock*
scollato *with a low neck-line, cut-away*
scommettere (scommesso) *to bet*
scontrino *receipt, ticket*
scorso *last*
scrivere (scritto) *to write*
scugnizzo *Neapolitan urchin*
scultore (m.) *sculptor*
scuola *school*
scuola-guida *driving-school*
scuro *dark*
scusare *to excuse*
scusi *excuse me*
se *if*
secondo *second*
seduto *seated*
seguire *to follow*
semaforo *traffic-light*
*sembrare *to seem, look like*
semplice *simple*
sempre *always, still*

sentire *to hear, listen to, taste, smell, touch, feel*
*sentirsi *to feel*
senza *without*
senz'altro *of course, naturally*
sera *evening*
serata *evening, special evening*
sereno *serene, clear*
seta *silk*
sete (f.) *thirst*
  avere sete *to be thirsty*
settimana *week*
sfilata *parade*
sfortuna *bad luck*
sì *yes*
Sicilia *Sicily*
siciliano *Sicilian*
sicuramente *certainly, for sure*
sicuro *safe, sure*
sigaretta *cigarette*
signora *lady, Mrs....*
signorina *young lady, Miss...*
silenzio *silence*
simpatia *attraction, charm*
simpatico *nice, amusing, pleasant*
sinistra *left*
  a sinistra *on the left*
smoking (m.) (pl. inv.) *dinner-jacket*
soave *mild, gentle*
Soave *wine from Venetia*
soffrire (sofferto) *to suffer*
sognare *to dream*
sogno *dream*
soldato *soldier*
soldo *money*
sole (m.) *sun*
solo *alone, only*
soltanto *only*
sopra *above, on*
soprattutto *above all, especially*
sorella *sister*

sorpassare *to overtake*
sorpresa *surprise*
sorvolare *to fly over*
sosta *halt, stop*
sotto *underneath*
  sotto di *beneath, below*
sottopassaggio *underpass, subway*
spazzolino *brush*
spazzolino da denti *toothbrush*
specchio *mirror*
speciale *special, excellent*
specialità *speciality*
specialmente *especially*
spendere (speso) *to spend*
sperare *to hope*
spesa *shopping, expense*
  fare spese *to go shopping*
spesso *often*
spettacolo *show, programme*
spiaggia *beach*
spiegare *to explain*
spingere (spinto) *to push*
sport (m.) (pl. inv.) *sport*
sportivo *sporting*
spumante (m.) *sparkling wine*
spuntino *snack*
squisito *delicious*
stagione (f.) *season*
stamani *this morning*
stanco *tired*
  stanco morto *dead tired*
*stare *to be*
stasera *this evening*
stazione (f.) *station*
stesso *same*
stomaco *stomach*
strada *street, road*
straniero (adj.) *foreign* *foreigner*
strano *strange, curious*
straordinario *extraordinary*
stretto (adj.) *narrow*, (n.) *straits*

stile (m.) *style*
studente (m.) *student*
studiare *to study*
studio *studio*
stufato *stew*
su *on, up*
subito *at once*
*succedere (successo) *to happen*
sud (m.) *south*
suo *his, her, hers, its, your, yours*
suonare *to play (musical instrument)*
*svegliarsi *to wake up*
sveglio *wide-awake, smart*

tabaccaio *tobacconist*
talmente *so*
tamponamento *bump, collision*
tanto *so, so many, so much*
tappa *stop, stage*
tappeto *carpet*
tardi *late*
tassista (m.) (pl. -isti) *taxi-driver*
tavolo *table*
taxi (m.) (pl. inv.) *taxi*
tè (m.) *tea*
tedesco *German, German language*
teiera *tea-pot*
elefonare *to telephone*
lefono *telephone*
telefono *on the 'phone*
isione (f.) *television*
sore (m.) *television set*
ta *storm*
(pl. templi or tempii)

eather; *time*
o keep
tender
ato *finished*
earth, land
zza *terrace*
zo *third*

testa *head*
Tevere (m.) *Tiber*
tintarella *slight sun-tan*
tipico *typical*
tirare *to pull*
Tirreno (n.) *Tyrrhenian sea*
tirreno (adj.) *Tyrrhenian*
titolo *title*
*tornare *to return*
    ben tornato! *welcome back!*
torta *cake*
Toscana *Tuscany*
toscano *Tuscan*
totocalcio *football pools*
tra *in, among, between*
traffico *traffic*
traghetto *ferry*
tramonto *sunset*
tranquillo *quiet, peaceful*
trattoria *little restaurant*
traversata *crossing*
trenino *toy-train*
treno *train*
treno rapido *express train*
triglia *red mullet*
troppo *too, too much*
trovare *to find*
tu *you*
tuo *your, yours*
turco *Turk*
turista (m. or f.) (pl. -i or -e)
    *tourist*
turistico (adj.) *tourist, for tourists*
tutto *all, every*

ufficio *office*
ufficio informazioni *'Enquiries'*
ufficio postale *post office*
ultimo *last*
umorismo *humour*
uomo (pl. uomini) *man*
unico *only, unique*

*uscire *to go out*
uscita *exit*
utile *useful*
uva (always sing.) *grapes*

vacanza *holiday*
   in vacanza *on holiday*
vagone (m.) *train carriage*
valigia *suitcase*
valzer *waltz*
vapore (m.) *steamer, steam*
vaporetto *passenger boat*
vecchio *old*
vedere (visto or veduto) *to see*
veduta *view*
veloce *quick(ly)*
velocità *speed*
vendere *to sell*
venditore (m.) *vendor*
venditrice (f.) *vendor*
Veneto *Venetia*
Venezia *Venice*
veneziano *Venetian*
*venire (venuto) *to come*
vento *wind*
verde *green*
   essere al verde *to be broke*
vero *true, real*
verso *toward; about*
*vestirsi *to dress, get dressed*
vestito *dress, suit*
Vesuvio *Vesuvius*
vetturino *cabby, coachman*
via (adv.) *away,* (n.) *street*
viaggiare *to travel*

viaggio *journey, trip*
viaggio di andata *outward journey*
viaggio di ritorno *return journey*
vicino *near, nearby*
   vicino a *near, near to*
vicolo *lane*
vigna *vineyard*
villa *villa*
vincere (vinto) *to win*
vincita *win*
vino *wine*
viola (inv.) *violet*
virtuoso *virtuoso*
visita *visit*
visitare *to visit*
vista *view*
vita *life*
viva! *long live...!*
vivace *bright, lively*
vivere (vissuto) *to live*
voce (f.) *voice*
voi *you*
volentieri *gladly*
volere *to want*
   vorrei *I'd like*
volo *flight*
volta *time, turn*
vostro *your, yours*

zia *aunt*
zio (pl. zii) *uncle*
zoo (pl. inv.) *zoo*
zucchero *sugar*
zuppa *soup*
zuppa inglese *trifle*